the difference

더 디퍼런스

더 좋은 책을 만들기 위한 남다른 열정

독서를 통한 진로와 인성 교육

진로 독서
인성 독서

독서를 통한 진로와 인성 교육

진로 독서
인성 독서

서상훈 · 유현심 지음

더디퍼런스

추·천·사

미래 사회의 뛰어난 인재를 육성하기 위한 핵심 키워드는 '진로'와 '인성'이다

미래 사회의 뛰어난 인재를 육성해 나가는 데 있어서 핵심 키워드는 진로와 인성일 것이다. 리더로서 세상을 변화시키기 위해서는 기본적으로 다양한 환경에 적응해서 새로운 가치를 창출할 수 있는 기술적 역량과 변화의 목적지에 도달해야만 하는 리더의 삶의 이유인 정체성의 스토리를 설명해주는 '인성'이 요구된다. 기술적 역량이 리더로서의 필요 조건이라면 인성은 리더로서의 충분 조건에 해당된다. 인성과 기술적 역량을 모두 갖춘 리더가 21세기의 리더다. 학교에서의 진로 교육은 다양한 환경에 적응해서 새로운 것을 창조할 수 있는 기술적 역량을 책임질 것이고 인성은 리더로서의 자신만의 정체성 스토리를 구축해줄 것이다.

그간 학교 교육에서 진로의 문제는 진학의 문제와 혼동되어 왔다. 한국에서는 자신의 적성과는 무관하게 명문 대학에 진학하는 것이 성공의 잣대로 잘못 인식되어 왔다. 학교 교육에서 인성의 문제는 윤리 교육을 통해서 다뤄졌는데, 시험 점수로 수치화된 윤리 점수는 실제 인성과는 괴리가 있었다. 역설적으로 높은 점수를 받은 학생들이 인성에서는 더욱 문제를 야기해 왔다. 교육 당국에서도 이와 같은 진로와 인성 교육이 파행에 이르고 있다는 것을 실감하고 2016년부터는 새로운 인성 교육과 진로 교육을 실시하기 위한 법제화를 마쳤다. [진로교육법 (15.6.22 제정)]과 [초중등교육법 시행령 제48조의 2 (15.9.15 신설)]을 통해 중학교의 교과 과정으로 자유학기제를 도입하여 진로를 위한 다양한 탐색의 길을 준비했고 [인성 교육 진흥법 (15.1.20 제정)]을 발효해서 인성 교육을 강화하는 커리큘럼을 만들도록 제도적 장치도 마련했다. 이와 같은 법제화의 취지는 기존의 이론 중심의 진로나 인성 교육은 청소년들이 리더로 성장해 나가는데 전혀 도움이 되지 않았다는 문제 의식에서 시작되었다. 이 법제화는 이론 대신 체험과 실기 위주의 다양한 방법들을 교육 과정에 도입하기 위한 제도화 작업이다.

한 가지 우려되는 점은 기존의 인성 교육과 진로 교육이 인지적 교육 중심으로 바뀌는 과정에서 파행으로 이어진 것은 사실이지만 그렇다고 모든 커리큘럼을 체험과 실기 위주로 바꾼다는 것은 또 다른 문제를 낳을 가능성이 있다. 사람들은 인성과 진로에 대한 자신만의 지도가 있을 때 비로소 잘못된 실천이나 경험이라 하더라도 이에 대한 가이드라인을 만들어 나갈 수 있고 경험이나 실천을 통해 지도를 수정하며 올바른 지도를 만들어 나갈 수 있다. 진로나 인성에 대한 자기 나름의 지도가 없이는 의미 있는 실천과 경험도 존재할 방법이 없는 것이다. 따라서 진로나 인성 교육의 성공의 관건은 학생들에게 자신만의 이런 인지적 지도를 만들어 주는 것이며, 이것을 경험과 연결시켜서 스스로 자신의 지도를 수정하는 과정에서 지도를 완성시킬 수 있게 도와주어야 한다. 즉 인지적 이론과 실천적 경험 간의 통합이 성공의 관건이다. 기존의 실패가 잘못된 인지적 교육에서 파생되었다고 해서 성공 요인을 실천적 경험 쪽으로 올인하는 것은 또 다른 실패를 담보한다.

인지적 지도를 마련해 가는데 있어서 독서 토론은 전형적인 방식이다. 본 저서에서는 한국에서 채용된 독서 토론 방식이 왜 학생들에게 진로와 인성에 대한 의미 있는 지도를 마련해주지 못하고 있는지를 잘 설명해주고 있다. 또한 이에 대한 대안으로 유대인들의 독서 토론 방식인 '하브루타'를 한국적 문화에 맞게 수정한 ZINBOOK 독서 토론 방식을 소개하고 있다.

ZINBOOK 독서 토론은 저자들이 10여 년간 교육 현장에서 실험을 통해 검증한 자신만의 진로와 인성에 대한 의미 있는 인지적 지도를 만들어가는 효과적인 방식이다. 독자 여러분도 ZINBOOK 독서 토론의 효과성을 몸으로 직접 체험할 수 있었으면 한다. 여러분의 체험과 지도하는 학생 및 자녀들에 대한 멘토링을 통해 이들이 미래를 책임질 수 있는 리더로서 자신만의 지도를 만들어 스스로 나갈 수 있는 날을 기대해본다.

대한리더십 학회 명예회장. 이화여자대학교 경영대학 교수 윤정구

차·례

프롤로그

교육 트렌드의 변화에 따른
'진로'와 '인성'의 중요성

21세기 들어서 교육 패러다임이 빠르게 바뀌면서 교육 정책과 제도도 이에 발맞춰 변화의 속도를 내고 있다. 제7차 교육과정이 사회 변화에 대한 대응 능력과 자기 주도력 향상에 초점을 맞추는 것으로 바뀌었고 2009 개정 교육과정에서는 집중 이수제, 창의적 체험 활동, 진로 교육, 학교의 다양화 등이 강화되었다. 입시 제도에서도 자기 주도 학습 능력을 중시하는 수시가 확대되면서 고입은 자기 주도 학습 전형, 대입은 학생부 종합 전형이 이슈가 되고 있으며, 2014 수능 개정안에서도 교과목과 진로와의 연관성이 커졌다. 2015 문이과 통합형 교육과정은 인문과 사회, 과학 기술에 대한 기초 소양 함양을 통해 미래 사회가 요구하는 창의융합형 인재 육성을 위한 방향을 제시하고 있다.

이런 흐름 속에서 가장 두드러지게 변화를 주도하는 것은 '진로'와 '인성'이다. 특히나 최근 5년 동안 진로 분야에서 일어난 변화는 두 눈을 휘둥그레하게 만들 정도로 엄청나다. 2011년부터 교육 현장에서는 진로와 입시에 대한 수요가 커지면서 학생들의 꿈과 끼를 살려주는 개인 맞춤형 진로 설계 지원을 강화하기 위해 진로·진학 상담교사를 선발해서 각 학교 현장에 배치하기 시작했으며, 2014년 말기준으로 전국 진로·진학 상담교사의 수는 5,205명으로 5,520개 전국 중고교 중 약 95%에 배치되어 있다.

2013년에는 중학교를 중심으로 '자유학기제'가 실시되기 시작했다. 우리 교육은 높은 학업성취도와 대학 진학률에도 불구하고 낮은 학업흥미도와 학생들의 행복지수가 세계에서 꼴찌라는 심각한 문제점을 안고 있다. 이를 해결하기 위해 개인의 꿈과 끼를 살리고 창의력과 인성을 기르는 진로 탐색의 필요성이 대두되었고 중학교 한 학기 교육과정을 유연하게 운영해서 진로 탐색 및 자기주도 학습 능력을 배양하고 인성 교육을 강화하기 위해 자유학기제가 도입된 것이다. 1단계로 2013년 5월부터 2015년 말까지 연구학교를 선정해 운영하고 2단계로 2014년 초부터 2015년 말까지는 희망 학교 신청을 받아 지정·운영하며, 3단계로 2016년 3월부터 모든 중학교에서 전면적으로 실시된다. 앞으로 항구적인 교육 제도로 학교 현장에 정착되어 많은 변화를 일으킬 거라 예상된다.

2015년 12월에 시행된 '진로교육법'은 자유학기제를 중심으로 한 진로 교육을 더욱 체계적으로 제도화시키는데 촉매제 역할을 할 것으로 기대된다. 진로교육법이 시행되면서 많은 것이 달라진다. 첫 번째, 학생들은 다양한 형태의 진로 체험을 정규 수업으로 인정받을 수 있고 국가가 인증한 직업 체험 기관을 통해 좀 더 알찬 진로 탐색이 가능하다. 두 번째, 학부모들은 각종 진로 교육과 연수의 기회가 확대되고 자녀들의 진로 지도에 활용할 수 있는 다양한 진로 교육 콘텐츠를 제공받게 된다. 세 번째, 학교는 진로·진학 지도 전담 교사를 추가로 배치할 수 있고 학부모 대상으로 진로 정보와 진로 상담을 제공할 수 있으며, 중학교 대상의 자유학기제가 초등학교와 고등학교로도 확산되는 것을 기대할 수 있다. 진로교육법 시행령(2015.12.22)도 제정됨으로써 이르면 2016년부터 초등학교에도 진로·진학 전담 교사가 배치되고 중학교의 자유학기제와 유사한 '진로 교육 집중학년·학기제(진로학기제)'가 초중고등학교에 생겨서 진로 체험과 진로 교육을 집중적으로 실시하게 된다.

진로교육법 [시행 2015.12.23.] [법률 제13336호, 2015.6.22. 제정]

제1조(목적) 이 법은 학생에게 다양한 진로교육 기회를 제공함으로써 변화하는 직업세계에 능동적으로 대처하고 학생의 소질과 적성을 최대한 실현하여 국민의 행복한 삶과 경제 사회 발전에 기여함을 목적으로 한다.

제2조(정의) 이 법에서 사용하는 용어의 뜻은 다음과 같다.

1. "진로교육"이란 국가 및 지방자치단체 등이 학생에게 자신의 소질과 적성을 바탕으로 직업 세계를 이해하고 자신의 진로를 탐색·설계할 수 있도록 학교와 지역사회의 협력을 통하여 진로수업, 진로심리검사, 진로상담, 진로정보 제공, 진로체험, 취업지원 등을 제공하는 활동을 말한다.
2. "진로상담"이란 학생에게 진로정보를 제공하고 진로에 관한 조언과 지도 등을 하는 활동(온라인으로 하는 활동을 포함한다)을 말한다.
3. "진로체험"이란 학생이 직업 현장을 방문하여 직업인과의 대화, 견학 및 체험을 하는 직업체험과, 진로캠프·진로특강 등 학교 내외의 진로교육 프로그램에 참여하는 활동을 말한다.
4. "진로정보"란 학생이 진로를 선택할 때 필요로 하는 정보로 개인에 대한 정보, 직업에 대한 정보, 노동시장을 포함한 사회환경에 대한 정보 등을 말한다.

2015년 7월에 시행된 인성교육진흥법은 학생과 교사들의 인성 교육을 강화하는 게 핵심이다. 한국교육개발원이 2013년 19~75세 성인 2,000명을 대상으로 벌인 교육 여론 조사에서는 '정부가 가장 시급히 해결해야 할 교육 문제가 뭔가?'라는 질문에 전체 48%에 해당하는 959명이 '학생들의 인성과 도덕성 결여'를 꼽았다. 이런 여론 조사 결과는 학교 폭력과 왕따, 자살 등이 사회 문제로 커지고 있다는 점을 시사한다. 조금씩 인성 교육에 대한 공감대가 형성되어 가고 있을 즈음 터진 세월호 참사로 인해 인성 교육의 필요성에 대한 의견이 갑자기 많아지면서 이에 대한 대책으로 도입됐다.

인성교육진흥법의 입법 목적은 '인간의 가치를 보장하고 건전하고 올바른 인성을 갖춘 국민을 육성하는 것'이고 인성 교육의 정의는 '자신의 내면을 바르고 건전하게 가꾸고 더불어 살아가는 데 필요한 인품과 역량을 기르는 교육'이다. 이 법에 따라 인성 교육 관련 사항 전반에 대한 심의 기구인 국가인성교육진흥위가 신설되고 학교 밖 인성 교육 프로그램과 교육과정에 대한 인증제가 실시되며, 인성 교육 분야의 전문 인력도 많이 양성된다. 교육부장관은 5년마다 인성교육종합계획을 수립해야 하며, 시도 교육감은 연도별 인성교육시행계획을 세워야 하고 인성 교육 활동에 대해 매년 평가를 실시해야 한다. 전국의 유치원과 초중고등학교는 2015년 7월부터 인성 교육을 의무적으로 실시해야 하고 교육부장관이 정한 인성 교육 목표와 성취 기준을 준수해야 하며, 학교장은 이에 걸맞는 교육 계획을 수립하여 실시한다. 학부모는 국가와 지자체, 학교의 인성교육진흥시책에 협조해야 하고 인성 교육과 관련하여 의견을 낼 수 있다. 교사는 일정 시간 이상 인성 교육 관련 연수를 의무적으로 받아야 하고 교대와 사범대 등 예비 교사도 인성 교육 역량 강화를 위한 필수 과목을 수강해야 한다.

인성교육진흥법 [시행 2015.7.21.] [법률 제13004호, 2015.1.20. 제정]

제1조(목적) 이 법은 「대한민국헌법」에 따른 인간으로서의 존엄과 가치를 보장하고 「교육기본법」에 따른 교육이념을 바탕으로 건전하고 올바른 인성(人性)을 갖춘 국민을 육성하여 국가사회의 발전에 이바지함을 목적으로 한다.

제2조(정의) 이 법에서 사용하는 용어의 뜻은 다음과 같다.

1. "인성교육"이란 자신의 내면을 바르고 건전하게 가꾸고 타인·공동체·자연과 더불어 살아가는 데 필요한 인간다운 성품과 역량을 기르는 것을 목적으로 하는 교육을 말한다.
2. "핵심 가치·덕목"이란 인성교육의 목표가 되는 것으로 예(禮), 효(孝), 정직, 책임, 존중, 배려, 소통, 협동 등의 마음가짐이나 사람됨과 관련되는 핵심적인 가치 또는 덕목을 말한다.
3. "핵심 역량"이란 핵심 가치·덕목을 적극적이고 능동적으로 실천 또는 실행하는 데 필요한 지식과 공감·소통하는 의사소통능력이나 갈등해결능력 등이 통합된 능력을 말한다.
4. "학교"란 「유아교육법」 제2조 제2호에 따른 유치원 및 「초·중등교육법」 제2조에 따른 학교를 말한다.

이러한 교육 트렌드의 변화에 따라 현장에서는 다양한 '진로'와 '인성' 관련 프로그램이 필요할 거라 예상된다. 대부분의 프로그램은 장단점을 갖고 있지만 독서를 통한 진로 교육과 인성 교육은 단점을 찾기 어려운 최고의 프로그램이라고 할 수 있다. 진로 설정과 인성 함양을 위해서는 다양한 경험이 필요하다. 하지만 우리가 모든 것을 직접 경험하기는 불가능하다. 그래서 간접 경험이 중요한데, 그 대표적인 방법이 바로 '독서'다.

우리가 어떤 책을 읽는다는 것은 이미 성공한 저자나 책 속 주인공으로부터 진로 코칭을 받는 것과 마찬가지다. 우리가 진로를 탐색해 가는 과정에서 궁금해 하는 것들을 책 속의 경험담을 통해 자세히 설명해 주고 있기 때문이다. 저자나 주인공은 주저하는 우리에게 용기를 주기도 하고 결심하고 행동했을 때 칭찬해 주기도 하며, 실패하고 좌절했을 때 따뜻한 격려로 응원을 해주기도 한다. 이처럼 책은 진로 탐색의 과정은 물론 진로 결정 후 인생의 항로를 따라 여행하는 동안에도 늘 함께 해야 하는 친구다.

책 속의 주인공들은 다양한 사건과 인간 관계를 통해 인간의 고뇌와 성공, 강점과 약점, 선과 악, 희노애락 등 여러 가지 감정을 표현한다. 우리는 책(특히 문학)을 읽으면서 주인공들의 행동과 환경, 결과를 생각해 보게 되는데, 이런 과정을 통해서 '무엇이 사람을 사람답게 하는가?'를 깨닫게 된다. 그래서 우리가 무엇을 읽느냐가 훌륭한 인성에 큰 영향을 미친다고 하는 것이다. 『Books that Build Character』의 저자 윌리엄 킬패트릭 William Kilpatrick은 '책 속의 이야기가 선(goodness)에 대해 감정적으로 친하게 만들어 주고 감정 이입을 통해 도덕적 결정을 예행 연습하도록 도와줌으로써 선을 직접 실천하는 효과가 있다'고 말한다. 즉, 우리가 책을 읽는다는 것은 주인공으로부터 인성 코칭을 받는 것과 마찬가지라는 뜻이다.

이렇듯 진로 교육과 인성 교육에 있어서 책을 통한 교육의 효과는 간과할 수 없는 것이 사실임에도 학교 현장에서는 이를 제대로 적용하지 못하고 있는 실정이다. 이에 10년 이상 현장 중심의 독서 교육 프로그램과 진로 인성 독서 코칭 전문강사 양성 과정을 운영해온 KET 코리아에듀테인먼트는 그 동안의 독서 교육 경험과 사례를 바탕으로 이론과 실제를 종합해서 '진로 독서와 인성 독서'의 바람직한 방향성을 제시하려 한다.

이 책에는 진로와 인성의 이해를 돕기 위한 개념, 진로 독서와 인성 독서에 대한 개괄적인 설명, 실제 교육 현장의 노하우와 사례, 독서 교육과 관련해 꼭 알아야 하는 기본적인 이론 등 학생들을 지도하는 교사와 강사, 코치, 학부모, 교육 관계자에게 도움이 될 만한 내용이 풍부하게 수록되어 있다. 모쪼록 이 책이 진로교육법에 따른 자유학기제와 진로 교육 집중학년·학기제, 인성교육진흥법에 따른 인성 교육 인증제를 위한 안내서로써 많은 분들에게 사랑을 받아서 학생과 학부모, 교사가 모두 행복한 '대한민국의 행복교육'을 실현하는데 조금이나마 보탬이 되길 바란다.

제 **1** 장

진로의 이해

진로 지도의 의미와
필요성

진로(進路, career)의 사전적 정의는 '직업을 통해 나아가는 삶의 길'인데, 한 개인이 생애 동안 일과 관련해서 경험하고 거쳐가는 모든 체험을 의미하고 개인의 생애 직업 발달과 그 과정 내용을 가리키는 포괄적인 용어이다. 한국직업능력개발원에서는 '진로란, 개인이 인생 전반에 걸쳐 추구하는 일의 총체로서 입학, 진학, 취업, 직업 전환, 결혼, 여가 활동 등 연속적으로 진행되는 인생 전반의 모든 활동'으로 정의하고 있다. 한마디로 표현하면 '물음표(?)를 느낌표(!)로 만들어 주는 것'이다. 자신이 무엇을 좋아하는지, 어떤 일을 해야 행복한지, 어떨 때 즐겁고 보람있는지 등 자신의 삶의 방향에 대해서 물음표를 갖고 있던 아이들이 자신에게 꼭 맞는 삶의 방향을 찾아가면서 느낌표를 갖게 하는 것이 바로 '진로'다.

하지만 그동안 진로의 개념은 성적에 맞춘 입시, 개인의 특성을 무시하고 부모나 주위 압력으로 선택하는 학교와 전공 그리고 계획성 없이 이루어지는 주먹구구식의 진로 설정 등으로 오인되어 많은 문제점을 야기시켜 왔다. 그 중에서 대표적인 문제점은 대학생의 70%가 전공 선택을 후회하고 60%는 전공을 바꾸고 싶어 한다는 것으로, 이는 사회적으로도 정말 큰 낭비가 아닐 수 없다.

이제 진학 지도와 진로 지도는 다른 의미로 쓰여야 한다. 왜냐하면 진로가 전 생애를 다루는 과정이라는 의미로 볼 때 지금까지의 진로 지도 방법은 방향부터 다시 설정해야 하기 때문이다. 지금까지의 진로 지도는 초중고등학교를 거치면서 그저 열심히 공부해서 명문 대학이나 좋은 학과를 선택하는 것을 목표로 하는 진학 지도(좁은 의미의 진로 지도)에 중점을 둔 '아래로부터 위로의 진로 교육'이었다. 이제는 한 사람의 삶 속에서 사회적 적응을 원만하게 이루고 개인의 꿈과 끼를 살려 성격, 흥미, 적성에 맞는 직업을 선택하고 일생 동안 만족스러운 삶을 누릴 수 있도록 도와주는 것을 목표로 하는 넓은 의미의 진로 지도에 중점을 둔 '위로부터 아래로 내려오는 진로 교육'이라고 봐야 한다.

최근 들어 진로가 갈수록 중요해지고 있다. 과학 기술의 급격한 발전과 정보화, 국제화, 세계화, 지식 기반 사회, 평생 학습 사회로 요약되는 사회적인 변화, 이에 따른 직장에서의 업무 내용의 변화 및 유연성을 강조하는 조직 형태의 변화, 인구 구조의 고령화, 여성의 경제 활동 증가, 직장에 대한 가치관의 변화 등, 직업 세계 및 사회 환경이 변화함에 따라 직업의 종류가 다양해지고 개인의 직업적 발달도 직업군으로 옮겨가며 진로와 직업에 대한 개념이 구별되면서 진로 교육에 대한 관심과 요구가 증가하고 있는 것이다.

사회 전반적인 변화로 오늘날 청소년들이 겪는 문제는 과거 어느 때보다도 다양해졌고 문제의 심각성 역시 커지고 있다. 옛날과 달리 어린 시기부터 청소년들이 고민하는 영역이 달라지면서 이제는 학부모의 전통적인 양육 환경 및 양육 방식 또한 달라져야 하며 부모들이 알아야 하는 양육 지식도 변하고 있다. 그러나 현실적으로 맞벌이가 증가하는 요즘, 부모들은 자녀를 양육하고 교육할 수 있는 시간적, 환경적 여건이 이전보다 더 어려워져 부모가 대처할 수 없는 부분들이 많이 늘어나고 있다. 이런 현실에서 공교육을 중심으로 청소년들의 '꿈과 끼를 찾는 진로 탐색을 촉진하는 정책'이 다양하게 실시되고 있다는 사실은 반가운 일이다.

2014년 청소년 통계를 보면 청소년들의 가장 큰 고민이 공부(35.9%)와 직업(22.1%), 외모·건강(17.8%) 순이었다. 연령대별로 보면 20~24세 청소년은 직업(41.4%)을, 13~19세 청소년은 성적과 공부(50.4%)에 대해 가장 큰 고민을 하는 것으로 나타나 차이를 보였다. 진로가 중요해지면서 청소년들도 이제는 적성과 흥미에 맞는 직업을 갖겠다는 응답을 많이 하고 있는 것이다. 한국청소년상담원이나 한국청소년연구원, 한국직업능력개발원 등에서 실시한 연구에서도 청

소년들의 고민사항은 매우 다양하지만 진로(진학) 문제가 매우 중요
한 비중을 차지하고 있음을 확인할 수 있다.

우리 청소년들의 주된 고민으로 진로와 진학이 부각되는 이
유는 진학을 결정하는 가장 큰 요소인 학업 성적 문제가 진로 문제와
매우 밀접한 관계를 가지고 있기 때문이다. 우리나라의 현실적인 교
육 상황에서 보면 진로와 학업이 따로 가는 것이 아니라 같이 가고 있
다. 성적이 나오지 않으면 가고 싶은 상급학교 진학이 어려워지고 심
지어 원하지 않는 곳에 진학하게 되거나 재수를 해서 다시 공부하기
위해 사교육 시장을 헤매게 되는 경우도 많다. 또한 학업 성적이 낮
으면 자기효능감이나 자존감에도 커다란 영향을 미치는 것도 사실이
고 학교 생활 적응도 어려워지며 청소년 비행이나 교실 붕괴로 이어
지기도 쉽다.

또한 진로 선택은 모든 개인에게 커다란 의미를 갖는데, 우리
가 어떤 진로를 선택하느냐에 따라서 우리 생활의 많은 부분이 이 선
택의 영향을 받게 된다. 1980년 톨버트Tolbert는 「경력 개발을 위한 상
담 Counseling for career development」이란 연구 논문에서 우리가 어떤 직업
과 진로를 선택했느냐에 따라서 우리의 능력 발휘의 기회, 인간 관
계, 개인의 사회경제적 지위, 가치관과 태도, 정신 및 신체적 건강,
가족 관계, 거주지 등 생활의 모든 측면에 걸쳐 영향을 받게 되고 개

인의 생활 양식을 결정하며, 궁극적으로 한 개인의 인생을 결정하게 된다고 했다. 따라서 청소년 시절의 제대로 된 진로 교육과정은 더욱 중요하다고 볼 수 있다.

진로 문제는 단순히 한 개인이 어떤 대학, 무슨 학과로 진학할지를 결정하거나 특정한 직업을 선택하는 과정만이 아니다. 인생 전체를 바라보는 시각에서 교육, 직업, 가정, 신체, 사회, 이성, 성격, 도덕, 종교적인 문제를 현명하게 선택하고 적응하는 방법을 익히며, 아울러 진로 발달 과정을 통해 자기 이해와 자신의 잠재력을 개발하는 매우 중요한 과정이다. 즉, 청소년들이 자신을 이해하고 진로를 주도적으로 탐색하고 합리적으로 의사 결정을 할 수 있게 된다면 급격히 변하는 현대 사회에서 우리 청소년들이 자신의 미래를 창의적이고 적극적으로 준비할 수 있는 성인으로 성장하여 자기주도적인 행복한 삶을 이룰 수 있을 것이다. 이러한 결과를 보면, 청소년기의 진로 탐색 과정에서 학교 현장의 교사나 상담자, 학부모들이 합리적이고 효율적인 방법으로 조력자의 역할을 수행하는 것이 점점 더 중요해지고 있다.

진로 문제는 청소년 문제와도 큰 관련 있다. 청소년 문제로 지적될 수 있는 것은 여러 가지 있겠으나 그 가운데 심각한 사회 문제가 되고 있는 것은 바로 청소년 비행이다. 청소년 비행이란 청소년들이 저지르는 각종 일탈 행위 등을 모두 포함하며 그 종류는 음주, 흡연, 약물 남용과 살인, 강도, 강간 등의 강력 범죄까지 매우 다양하다. 이런 여러 문제들이 입시 위주 교육의 부작용과 사회의 빠른 변화와 맞물려서 교단의 추락과 교실 붕괴도 야기하고 있다.

학교 교육이 입시에 예속되어 있어서 학생의 적성과 소질을 존중해 주는 교육을 실시하지 못하고 있는 실정에서 학생들 입장에서 보면 '내가 학교에서 여러 가지 많은 과목을 왜 배워야 하는가?'란 의문을 가질 수밖에 없다. 축구를 좋아하면 축구만 하고 노래를 좋아하면 노래만 부르면 되지, 왜 관심 밖의 수많은 과목을 배워야 하는지 모르겠다는 청소년들이 많다. 즉, 청소년기에 학교에서 배운 내용을 어떻게 활용해야 하는가에 대한 해법이 필요하다.

이런 관점에서 청소년 비행과 교권 추락, 교실 붕괴를 막는 가장 중요한 포인트는 무엇일까? 바로 학생들에게 각 교과별 교육 내용이 자신의 진로 및 직업 선택에 어떠한 기여를 할 수 있는지를 설득력 있게 이야기해 주는 것이다. 이를 위해서는 제대로 된 진로 교육이 필요한데, 학교에서 배우는 여러 가지 교과목들이 쓸데없고 시간 낭비하는 것이 아니라 미래 자신의 진로와 직업과 매우 밀접하다고 학생들이 느끼게 도와주는 것이다. 이렇게 진로 교육을 하면 어떻게 될까? 아마도 자신의 미래 진로와 관계있는 학업에 필요성을 느끼고 스스로 자기 주도적 학습이 이루어져 원하는 진로의 기회를 더 많이 갖게 되는 청소년들이 늘어나게 되어 행복한 학교 교육 현장이 될 수 있을 것이다.

이렇게 제대로 청소년기에 진로 탐색이 이루어지면 자신의 입장과 환경을 이해하고 합리적이고 현실적이면서도 효과적인 행동 양식을 증진시키며, 의사 결정 방법을 배우고 실행할 수 있게 되어 현재 청소년 자신이 가장 중요하게 해야 할 일이 무엇인지, 그리고 앞으로 해나가야 할 일이 무엇인지를 알 수 있게 된다. 청소년들이 자신들이 처한 상황과 중요한 일을 알게 된다면 교실 붕괴 방지와 청소년 비행 예방에도 효과를 발휘할 거라 믿는다. 결국 교권 회복과 교실 붕괴, 학습 동기 유발, 부적응 문제, 청소년 비행 등이 진로 직업 교육과 밀접한 관계가 있는 것이다.

지금까지 살펴본 대로 진로 교육이 중요하게 부각되면서 청소년 자신의 현재 만족감과 미래에 대한 준비를 위해 매우 중요한 진로에 대한 체험과 다양한 활동이 학교 현장에서 갈수록 늘어나고 있다.

교육 현장에서의
진로 교육

청소년 진로 지도의 목표는 개인 상담처럼 내담자가 호소하는 문제를 해결해주는 것이라고 할 수 있지만 교육적 측면과 미래에 성장 발전을 기대하는 발달적인 측면이 강하기 때문에 대부분의 청소년들에게 제시할 어느 정도 공통된 목표를 정리해 둘 필요가 있다. 공통 목표는 내담자를 진단하는 틀로 활용할 수도 있고 각 내담자에게 필요한 개인 기법을 선택하는 데에도 유용한 길잡이가 된다. 청소년 진로 지도의 목표는 자기 이해, 일과 직업 세계의 이해, 일과 직업에 대한 태도와 습관 형성, 합리적인 의사 결정 능력 향상, 정보 탐색 및 활용 능력 함양, 일과 학습의 이해, 진로 계획 수립 등으로 크게 나누어 볼 수 있는데, 하나씩 자세히 살펴보자.

첫 번째, '자기 이해'다. 자기 이해란 자아의 특징과 장단점을 파악하고 자신의 성격과 적성, 흥미를 찾아 개발하는 동시에 주변 사람과의 효과적인 상호작용을 끌어낼 수 있는 방법을 모색하는 것을 말한다. 현대 사회가 복잡해지면서 직업의 종류에 따라 요구되는 능력과 적성, 역할이 다양해졌다. 따라서 자기에게 맞는 직업을 선택하기 위해서는 무엇보다도 자기의 능력, 흥미, 적성, 성격, 가치관, 신체적 특성 등에 대하여 올바르게 이해하는 일이 필수적이고 개인의 건강한 성격 발달과 원만한 대인 관계, 행복한 삶을 위해서도 매우 중요하다. 자기 이해를 위해서는 대화와 활동, 전문가 상담, 심리 검사 등을 바탕으로 성격과 흥미, 적성을 파악해야 한다. 우선 대화를 통해 무슨 일을 잘 할 수 있는지, 해보고 싶은 일은 무엇인지, 어떤 일을 할 때 시간 가는 줄 모르고 몰입하는지, 평소 좋아하는 과목은 무엇인지 등을 탐색한다. 그리고 활동을 통해 어떤 책을 좋아하는지, 어떤 물건을 수집하는지, 어떤 놀이를 좋아하는지 등을 파악하고 이런 활동들을 창의적 체험 활동 종합 지원 시스템(에듀팟)에 기록하여 관리한다. 또한 전문가 상담을 통해 객관성을 높일 수 있는데, 각 학교에 배치된 진로·진학 상담 교사의 도움을 받으면 된다. 끝으로 심리 검사를 통해 정확도를 높일 수 있는데, 커리어넷이나 워크넷에 접속하면 자신의 적성과 흥미, 진로 성숙도, 진로 가치관 검사 등을 무료로 손쉽게 할 수 있다.

두 번째, '일과 직업 세계의 이해'다. 여기에는 다양한 직업의 종류와 하는 일, 자신의 성격, 적성, 흥미에 맞는 직업 탐색, 사회 변화에 따른 직업 세계의 변화, 진로 정보의 탐색 등이 포함된다. 고도화, 전문화된 직업들이 늘어나면서 선진국의 경우는 2~3만 종류의 직업이 존재하고 우리나라는 2014년 말에 개정된 『한국직업사전』을 보면 총 1만 1440 종류의 직업이 확인되고 있다. 기술의 발달과 빠르게 변하는 시대 흐름에 따라 많은 직업들이 없어지고 새로 생길 것이며, 명맥을 계속 이어가는 직업의 경우도 오래 전 컴퓨터가 주판과 타자기를 몰아냈듯이 일하는 방식도 많이 변할 것이다. 일과 직업에 대한 객관적인 정보와 이에 대한 체계적인 탐구 없이 진로 혹은 직업을 선택한다는 것은 무모한 일이다. 하지만 청소년들은 일과 직업 세계에 대해서 너무나 모르고 있으며, 매우 단편적인 측면만을 숙지하고 있다. 따라서 일과 직업 세계의 다양한 측면과 변화, 양상 등을 올바르게 이해할 수 있도록 도와주는 일은 아주 중요한 목표가 된다.

세 번째, '일과 직업에 대한 태도와 습관 형성'이다. 여기에는 일과 직업이 갖는 생산적인 의미와 가치에 대한 인식, 직업에 대한 가치관, 직업을 대하는 태도, 일의 습관과 성 역할 변화에 따른 직업에 대한 탐색 등이 포함된다. 현대 사회에서 일이란 부를 창조하는 원천이며, 직업은 생계 수단으로써 뿐만 아니라 사회 봉사와 자아 실현의 수단으로서 그 중요성이 더욱 증대되고 있다. 일은 생계 수단 이상의 의미를 지니며 직업에 대한 편견과 고정관념을 벗어나 사회적 역할 분담과 삶의 행복의 장으로 인식해야 할 것이다.

네 번째, '합리적인 의사 결정 능력 향상'이다. 진로 탐색의 최종 결과는 그것이 크든 작든 어떤 '결정'이라는 형태로 나타난다. 앞서 언급된 자신에 대한 정확한 이해, 직업 세계에 대한 정보 등을 바탕으로 최종적으로 진로를 선택하게 되는 의사 결정을 해야 한다. 진로를 결정하는 일은 개인의 일생을 통해서 성취해야 할 가장 중요한 과업 가운데 하나이다. 진로 선택의 결과에 따라서 우리 생활의 대부분이 영향을 받기 때문이다. 따라서 청소년들의 진로에 관한 의사 결정 과정에 초점을 맞추고 의사 결정 기술을 증진시키도록 도와주는 것을 중요한 목표로 삼아야 한다.

다섯 번째, '정보 탐색 및 활용 능력 함양'이다. 진로 지도와 진로 상담에서는 정보 제공이 매우 큰 비중을 차지하고 있다. 왜냐하면 내담자들로 하여금 직업 세계에 대해서 정확히 알고 나서 선택하도록 도와주어야 하기 때문이다. 정보화 시대를 살고 있는 요즘 청소년들은 어릴 때부터 원하는 정보를 찾아서 활용할 수 있는 능력 개발이 자연스러운 현상이 되었고 살아가는 데 필수적인 능력으로 자리매김하고 있다. 학생들 스스로 직업 정보를 탐색할 수 있는 방법을 알려주고 실행으로 옮길 수 있도록 도우면서 활용 능력을 키워준다면, 단지 진로 정보 탐색에만 국한되지 않고 결국 삶의 모든 영역에까지 확장될 것이다.

여섯 번째, '일과 학습에 대한 이해를 바탕으로 하는 진로 계획 수립'이다. 일과 학습에 대한 이해에는 직업을 갖기 위한 학교나 학과 정보, 직업을 갖게 되기까지 학습의 중요성, 기초 직업 능력과 자질, 직업 세계의 연결 등이 포함되며, 이렇게 탐색한 내용을 토대로 자신에 맞는 진로 계획을 수립하게 된다. 이러한 프로세스를 이해하고 아이들의 진로를 도와준다면 누구나 진로 전문가가 될 수 있을 것이다.

진로 교육은 아이들의 학년이 올라감에 따라 시기별로 수준에 맞춰서 크게 4단계로 이루어지는데, 진로 인식 단계, 진로 탐색 단계, 진로 준비 단계, 진로 선택 단계 등이다.

첫 번째, '진로 인식 단계'는 초등학교 시기에 직업 선택에 대한 초보적인 지식 및 기능의 습득, 일에 대한 기본적인 태도와 가치관의 형성, 다양한 체험 등을 통해 진로에 대해 인식하게 되는 단계다. 이 시기를 '진로 환상기'라고도 하는데, 아직까지 자기 자신과 직업 세계, 진로 정보 등에 대한 이해가 부족해서 어떤 사람이라도 될 수 있다고 믿는다. 초등학생들이 직간접적인 경험을 통해 자신의 가능성을 탐색하고 다양한 일의 세계와 교육 세계를 탐색하며, 진로 및 직업의 중요성을 인식하고 직업 의식을 제고하는데 큰 의미가 있다. 영역별로는 자기 이해와 일의 세계 이해에 가장 많은 내용을 할당하고 그 다음이 일에 대한 가치와 태도, 진로 의사 결정과 계획이며, 교육의 세계 이해가 가장 적은 편이다.

두 번째, '진로 탐색 단계'는 중학교 시기에 긍정적인 자아 개념의 발달과 의사 결정 능력 증진, 문제 해결 기술의 증진, 자아 개념과 교육 및 직업적 목표의 연결, 직업에 대한 지식과 진로 결정 기술 확립을 통해 진로를 탐색하는 단계다. 중학교는 학생들이 정신적, 육체적으로 급격한 성장을 이루는 시기이며, 이러한 과정에서 불확실한 미래에 대한 불안감이 커지는 시기다. 그리고 고등학교와 대학교 진학을 결정하는 기초가 중학교에서 이루어진다는 점을 고려한다면 충분한 진로 지도가 제공되어야 하는 중요한 때다. 특히 진로 사다리를 바탕으로 꿈에 맞는 진로 설정을 위해 어느 대학, 어느 학과를 가야하는지 먼저 탐색하고 그에 따라 특목고(특수목적고등학교, 과고 외고 예고 체고 국제고 마이스터고 등), 자사고(자율형 사립고등학교, 전국 단위, 광역 단위), 자공고(자율형 공립고등학교, 비평준화, 평준화), 특성화고(특성화 고등학교, 산업계, 공업계, 농어업계, 직업계, 대안학교 등), 영재고(과학영재학교), 일반고(일반 고등학교, 자율학교, 기숙형학교, 중점학교, 종합고 혁신학교 등), 기타고(학력인정 고등학교, 학력인정 국제학교, 사설 대안학교 등) 중에서 고등학교 계열을 결정하는 것이 좋다.

세 번째, '진로 준비 단계'는 고등학교 시기에 진로 발달 과정에 따른 육체적, 심리적 특성 파악, 계열과 학과, 성별 등에 따른 학생 개인의 진로 특성 분석, 진로와 관련된 다양한 기능 훈련 및 직업 훈련, 자신의 능력과 적성, 흥미, 경제적 여건, 포부, 중요한 타인의 의견 등을 고려한 잠정적 진로 선택 등을 통해 진로를 준비하는 단계다. 이 시기는 상급학교에 진학을 할 것인지, 본격적으로 일을 시작할 것인지 결정해야 하므로 진학 지도와 취업 지도가 중요한 과제가 된다. 자신의 꿈과 목표에 따라 현재의 성적에 맞게 다양한 탐색을 하고 고등학교 1학년까지는 지망학과를 선택해야 한다. 특히 입학사정관제(학생부 종합 전형)에 대한 준비와 교과, 비교과 활동에 대한 점검이 중요하며, 다양한 최신 직업 정보와 입시 정보에 눈과 귀를 열어 두어야 한다. 아울러 필요한 자격증 등도 하나씩 취득해 둔다.

네 번째, '진로 선택 단계'는 대학교 이후 시기에 자신의 꿈, 목표와 현실적으로 부합하는 직업에 대한 정보를 파악하고 앞으로 갖게 될 직종과 직업에서 요구하는 각종 자격증과 외국어 공인 시험 준비, 자기소개서, 면접 준비 등을 바탕으로 진로를 선택하는 단계다. 올바른 진로 선택을 위해서는 직업에 대한 좀 더 구체적인 분석이 필요한데, 직업의 특성, 직업 선정의 기준, 직업의 조건, 직업의 발전성, 취업 정보, 교육훈련 과정, 직업 윤리, 임금 등이 주요 참고 사항이다.

실제 교육 현장에서는 선택 교과 진로와 직업을 통한 진로 교육, 창의적 체험 활동을 통한 진로 교육, 교과 교육을 통한 진로 교육, 진로의 날 행사를 통한 진로 교육, 학급 관리를 통한 진로 교육,

특별 활동을 통한 진로 교육, 생활 지도를 통한 진로 교육, 방과 후 활동을 통한 진로 교육 등 모든 영역에서 진로 교육이 가능하다. 이런 다양한 방법들 가운데서 어떤 것을 선택할지는 진로 지도의 목표, 지도 내용, 지도 대상의 특성, 내담자 호소 문제의 성격, 교육 현장의 환경적 여건에 따라서 결정이 된다.

진로의 기본 이론

진로 문제 해결은 체계적으로 검증된 이론을 바탕으로 해야
한다. 진로 이론은 '왜 사람들이 특정 직업을 선택하는가?, 어떻게 직
업을 선택하는가?, 어떻게 그 직업에 적응하는가?'에 관한 답을 나름
대로 제시하고 있다. 이런 이론들은 크게 진로 발달의 내용을 강조하
는 이론과 진로 발달의 과정을 강조하는 이론으로 나누어지는데, 이
론들을 분류하는 방식은 학자들 마다 매우 다양하다.

여기서는 선택적 관점에서 가장 기본이 되는 '파슨즈 F. Parsons
의 특성–요인이론'과 발달적 관점에서 진로 발달을 개인의 전체 발달
의 한 국면으로 보는 '슈퍼 D. Super의 생애발달이론', 최근에 새롭게 관
심을 모으고 있는 사회 학습 이론을 발전시킨 '크롬볼츠 J. Krumboltz의
계획된 우연이론'을 살펴보려 한다.

첫 번째, '파슨즈의 특성–요인이론'은 진로 상담과 관련된 초
창기의 이론으로 매우 원론적인 내용을 다루고 있는데, 진로 지도나

진로 상담을 할 때 개인의 여러 가지 특성을 고려하도록 한 것이 핵심이다. 이 이론을 토대로 다른 많은 이론들이 생겨났고 진로 상담 과정에서 활용하는 수많은 검사들이 만들어졌다. 특히 특성-요인이론에 의해서 강조된 표준화 검사 도구와 직업 세계의 분석 과정은 진로 상담에 매우 유용하다.

파슨즈는 도시와 산업 발달로 인한 노동자 착취에 관심을 갖게 되면서 사회 개혁을 제안했고 개인의 직업 선택과 청소년 문제에 대한 관심이 커지면서 직업 지도 운동을 주도했다. 그는 직업 선택을 비교적 간단한 인지 과정이라고 보고 개인 분석과 직업 분석, 과학적 조언을 통한 매칭을 주장했다. 자신의 강점과 약점을 포함한 개인의 성향을 충분히 이해하고 주어진 직업에서의 성공 조건 및 보상과 승진에 대한 정보를 알아야만 하며, 입수한 정보를 바탕으로 선택 과정에서 진실하고도 합리적인 추론이 필요하다는 것이다.

두 번째, '슈퍼의 생애발달이론'은 진로 선택을 타협의 과정으로 본 긴즈버그Eli Ginzberg의 이론을 보완하여 진로 발달을 전 생애의 관점에서 조명하고 자아 개념과 진로 발달 사이의 관계를 규명하면서 진로 선택이 자아 개념의 실행 과정이라고 본다. 슈퍼는 자아 개념의 중요성을 강조하면서 다음과 같이 말한다.

"인간은 자아 이미지와 일치하는 직업을 선택한다. 즉, '나는 이런 사람이다'라고 느끼고 생각하던 바를 살릴 수 있는 직업을 선택하기 때문에 자아 개념이 중요하다. 자아 개념은 유아기에서부터 형성, 전환, 실천의 과정을 거쳐서 사망에 이르기까지 계속 발달되고 보완되는데, 청년기 이후 자아 개념에는 큰 변화가 없다."

슈퍼는 직업 발달의 단계와 과업을 크게 다섯 가지로 나누었다. '성장기(growth stage)'는 0~14세까지로서 가정과 학교에서의 주요 인물과 동일시함으로써 자아 개념을 발달시키는데, 초기(환상기, fantasy substage, 4~10세)에는 욕구와 환상이 지배적이다가 중기(흥미기, interest substage, 11~12세)에는 사회 참여와 현실 검증이 늘어남에 따라 흥미가 중요해지며, 후기(능력기, capacity substage, 13~14세)에는 능력을 보다 중요시하며 직업의 요구 조건을 고려한다. '탐색기(exploration stage)'는 15세에서 24세까지로서 학교 생활과 여가 활동, 시간제 일을 통해서 자아 검증, 역할 시행, 직업적 탐색을 하는데, 초기(잠정기, tentative substage, 15~17세)에는 욕구, 흥미, 능력, 가치, 직업적 기회 등을 고려해 잠정적인 진로를 선택하고 환상, 토의, 일 등을 통해 간접 경험을 더하며, 중기(전환기, transition substage, 18~21세)에는 취업을 하거나 취업에 필요한 훈련이나 교육을 받으며, 자신의 자아 개념을 실천하려고 함에 따라 현실적 요인을 중요시하고 후기(시행기, trial substage, 22~24세)에는 자신에게 적합해 보이는 직업을 선택해서 최초로 직업을 가지게 된다.

'확립기(establishment stage)'는 25~44세로 자신에게 적합한 분야를 발견하고 거기에서 영구적인 위치를 확보하기 위한 노력을 하는데, 전기(시행기, trial substage, 25~30세)에는 자신이 선택한 일의 분야가 적합치 않을 경우, 적합한 일을 발견할 때까지 몇 차례의 변동이 있게 되고 후기(안정기, stabilization substage, 31~44세)에는 진로 유형이 분명해짐에 따라 직업 세계에서 안정된 위치를 굳히기 위한 노력을 한다. '유지기(maintenance stage)'는 45~65세로 이 시기에는 이미 정한 직업에 정착한 뒤 유지하기 위한 노력을 한다. '쇠퇴기(decline stage)'는 65세 이후로써 정신적, 신체적 힘이 약해짐에 따라 직업 전선에서 은퇴하여 다른 활동을 찾게 된다. 슈퍼의 생애발달이론은 '직업'에서 '진로'로의 패러다임 전환을 이루는데 기여했고 직업적 성숙 과정을 가장 체계적으로 기술하고 있으며, 실증적 자료를 많이 확보하고 있다고 평가할 수 있다.

세 번째, '크롬볼츠의 계획된 우연Planned Happenstance이론'은 과거의 전통적인 진로 계획 및 진로 결정 접근들이 계획된 행동을 중시하는 것을 비판하고 지속적으로 증가하는 불확실성과 급변하는 직업 상황을 고려해 우연한 사건이 사람들의 커리어에 큰 영향을 미친다고 주장하는 이론이다. 즉, 성공한 사람들을 분석한 결과 우연한 사건들이 필연적으로 진로에 중요한 역할을 하게 되었고 그 사건들을 계기로 어떤 행동을 하게 되어 구체적인 결과로 이어졌다는 것이다.

21세기 변화의 시대에 '우연'이 진로에 큰 영향을 미치며, 개인의 진로에 유익한 우연 사건을 활용할 수 있도록 교육이 가능하다는 관점이다.

계획된 우연이란 사건의 가능성을 염두에 두고 행동하는 방법을 뜻하는데, 커리어 개발을 운에 맡기거나 체계적인 과정이 그다지 효과적이지 못하다는 의미는 아니며, 우리들의 삶과 커리어가 계획된 대로 이루어지는 것이 아니기 때문에 우연에 대한 준비가 많을수록 좋은 결과를 만들어낼 기회가 더 많아진다는 의미를 담고 있다. 계획된 우연은 '우연은 결코 우연이 아니다. 인간이 어느 순간에 맞닥뜨리게 되는 상황은 이미 오래 전부터 직간접적으로 쌓아온 꾸준한 경험이 축적된 결과물이다'라는 말로 상징된다. 우연을 진로의 기회로 사용하려면 다섯 가지 기술이 필요한데, 새로운 학습 기회를 탐구하기 위한 '호기심 Curiosity', 계획에 차질이 생겨도 꾸준히 노력할 수 있는 '인내심 Persistence', 태도와 환경에 적응하려 노력하는 '융통성 Flexibility', 실현 가능한 새로운 기회를 살펴보기 위한 '긍정주의 Optimism', 결과를 알 수 없더라도 행동하는 '위험의 감수 Risk-Taking' 등이다.

스티브 잡스는 스탠포드 대학교의 졸업식 연설에서 'Connecting the Dots'를 언급했다. 삶은 우연히 만나는 점들의 연결이므로 점을 찍듯이 인연을 만들어나가라는 의미다. 무수한 원인과 조건의 상호 관계에 의하여 일체만상(一體萬狀, 형상이 있는 모든 물건)이 전개된다고 보는 관점인 '연기론(緣起論)'과 비슷한 의미이기도 하다. 각자가 만히 생각해 보면 우연히 만나는 점들을 연결하다 보니 지금의 자리에 있게 되었을 것이다. 크롬볼츠는 계획된 우연이론을 통해 모든 사람의 진로는 예상치 못한 사건의 영향을 받기 때문에 우연한 사건의 영향을 무시하기보다는 계획되지 않은 사건들의 역할을 인정하고 이용하면서 이를 기회로 만들어 낼 수 있도록 적극적으로 행동하라고 강조한다.

자기 이해를 위한 네 가지 요소

진로에 있어 가장 중요한 것은 '자기 이해'다. 자기 이해란 자신에 대해서 잘 아는 것인데, 자아상과 가치관, 주변 환경, 개인 특성 등 네 가지 요소가 중요하고 자신(타인)의 관찰과 다양한 활동을 통한 관찰 방법과 지능, 성격, 흥미, 적성 등 심리검사 방법을 주로 활용한다.

자아상은 자존감과 직결되는데, 자존감이란 자신에 대한 신념의 집합으로서 '변함없는 자아 존중'을 의미하며, 자기 가치와 자신감으로 이루어진다. 자기 가치는 자신이 다른 이들의 사랑과 관심을 받을만한 가치가 있는 사람이라고 생각하는 것이고 자신감은 자신에게 주어진 일을 잘 해낼 수 있는 사람이라고 생각하는 것이다. 자존감은 자신의 존재에 대한 감정적 측면이고 자아 개념은 인지적 측면이며, 자아 효능감은 특정 과제에 국한된 능력에 대한 판단적 측면이다.

EBS 다큐프라임 「아이의 사생활」 3부 자존감 편에서 하버드대학교 교육학과 조세핀 김 교수는 자존감이 높은 아이는 자기를 사랑할 줄 알며, 자기를 사랑하는 아이는 마음이 따뜻해서 타인의 실수에도 관대하다고 말한다. 자존감 실험 결과에 따르면 신체상과 자아상, 공감 능력, 리더십, 성취도 등 모든 항목이 자존감과 아주 큰 관련이 있다. 자존감은 대물림 되는데, 자존감이 높은 부모의 아이는 자존감이 높고 부모의 자존감이 낮은 경우 아이 역시 자존감이 낮은 것으로 나타났다. 자기 이해에 있어 자존감이 중요한 이유는 어린 시절 형성된 자존감이 자아 개념과 자아 효능감을 결정하고 평생 동안 자신의 삶에 영향을 주며, 자녀들에게도 큰 영향을 주기 때문이다.

가치관은 가치에 대한 일관된 관점, 가치 의식 등을 의미하고 삶에서 무엇을 가장 중요하게 생각하는지를 나타내며, 자신과 세상 일에 대해 갖고 있는 신념이나 태도를 말한다. 어떤 행위가 옳고 어떤 행위가 틀린 것이냐 하는 도덕적 판단의 기준이며, 자신의 행·불행을 판단하는 기준이기도 하다. 사람들은 보통 어떤 선택을 할 때 대체로 자신의 가치관을 기준으로 삼고 결정하기 때문에 직업을 탐색하는 과정에서도 매우 중요하다.

커리어넷에서 직업 가치관 검사를 해보면 각자 상대적으로 중요하게 생각하는 가치가 무엇인지를 알 수 있는데, 발전성과 능력 발휘, 사회적 인정, 지도력 발휘, 사회 봉사, 자율성, 더불어 일함, 창의성, 다양성, 보수, 안정성 등의 하위 영역에 대한 우선 순위를 고려한 것이다. 가치관을 통해 직업을 탐색하는 일은 자신에게 맞는 구체적인 직업을 찾기 위한 과정이 아니라 자신이 어떤 쪽에 더 가치를 두는지, 왜 그런 가치를 중요하게 여기는지 생각해 보는 데 더 큰 목적이 있다. 예를 들어 보수를 가장 중요하게 생각한다면 무작정 돈을 많이 벌 수 있는 직업만을 찾아서는 안 되고 왜 돈을 많이 벌고 싶은지를 따져봐야 한다. 왜냐하면 돈을 버는 것은 무언가를 이루기 위한 과정이나 도구가 되어야지 그 자체가 목적이 되면 좋지 않은 결과를 가져올 수도 있기 때문이다.

주변 환경은 진로에 영향을 미치는 환경 요소를 의미하며, 크게 심리적 환경과 물리적 환경으로 나눌 수 있고 심리적 환경에는 부모의 가치관 및 양육 태도, 자녀에 대한 기대, 경험 등이 있고 물리적 환경에는 사회 환경과 경제적 환경이 있다. 주변 환경과 관련해 '진로 의사 결정 요인'을 알아두면 좋은데, 개인적 요인, 환경적 요인, 직업적 요인, 일 자체의 요인 등이 있다.

'개인적 요인'에는 나이와 성별, 건강, 지능, 성격, 적성, 흥미, 가치관, 학력, 신체 조건 등이 있고 '환경적 요인'에는 부모의 직업과 교육 수준, 가족의 요구와 기대, 가정의 종교와 가풍, 가정 경제 여건, 가정의 사회 경제적 지원 수준 등이 있으며, '직업적 요인'에는 직업의 의미 이해, 직업 세계의 변화, 직업에 대한 가치관과 태도 등이 있고 '일 자체의 요인'에는 일에 대한 욕구와 인식, 창의성, 급여, 명성, 자아 실현 등이 있다. 진로를 결정할 때 각 요인들이 개별적으로 작용하기 보다는 상호 연관되어 복합적으로 작용하므로 종합적으로 고려하면서 신중하게 결정해야 한다.

개인 특성을 잘 파악하려면 지능과 성격, 흥미, 적성 등 심리 검사를 해봐야 한다. 지능검사는 IQ검사(intelligence quotient test)가 대표적인데, 프랑스의 심리학자인 알프레드 비네 Alfred Binet가 개발했다. 1900년대 초 프랑스에서 의무 교육이 처음 실시되면서 정규반에서 수학할 능력이 없는 아동을 가려낼 필요가 생겨, 비네는 정상아와 정신지체아의 감별을 목적으로 최초의 실용적인 지능 검사를 개발하게 되었다. 비네는 이해력, 논리력, 추리력, 기억력이 지능의 구성 요소라고 봤는데, 이런 구성 요소들을 평가하기 위하여 기억, 산수, 어휘와 같은 소검사들로 구성된 검사를 제작하였다. 이후 비네는 독일의 심리학자인 빌리암 슈테른 William. Stern의 견해를 받아들여 지능을 비율로 표현하기로 하였다. 이것이 곧 우리가 익히 알고 있는 IQ(intelligent quotient: 지능지수)의 개념이다. IQ는 '(MA/CA)x100'이라는 수식에 의해서 얻어진다.

데이비드 웩슬러 David Wechsler는 1939년 성인을 대상으로 하는 검사인 'Wechsler-Bellevue Intelligence Scale Form Ⅰ', 즉 'W-B Ⅰ'를 개발하게 되었다. 웩슬러는 그 개인이 속한 해당 연령 집단 내에서 어느 위치에 있는지, 즉 상대적인 위치가 어디 있는지를 평가하는 '편차 지능지수' 개념을 도입하여 사용하였다. 웩슬러는 성격적 요소, 정서, 사회성, 운동 능력, 감각 등을 포함시켜 폭넓게 개념화하여 1946년에서 1981년에 걸쳐 성인용과 아동용 검사들을 개발했고 개정을 거듭하면서 현재에 이르고 있다. 1981년의 'WAIS-R(Wechsler Adult Ingelligence Sale-Revised)'은 현재 가장 널리 사용되는 성인용 지능검사 도구로 발전했다. 우리 나라에서도 이를 한국에 맞게 개정 표준화하여 1963년에 KWIS(Korean Wechsler Intelligence Scale)를, 1992년에는 이를 재표준화하여 K-WAIS(Korean-Wechsler Adult Intelligence Scale)라는 이름으로 사용해 오고 있다.

성격과 흥미, 적성 등 세 가지 심리검사는 개인 특성과 관련해 진로 설정에 아주 큰 영향을 미치므로 하나씩 자세히 살펴보기로 하자.

성격검사의 이해 :
에니어그램의 아홉 가지 유형

성격검사는 사람마다 다른 성격이나 기질, 정서적인 특성을 파악하려는 검사로써 MBTI와 에니어그램 Enneagram이 대표적이다. MBTI Myers-Briggs Type Indicator는 캐서린 쿡 브릭스Katharine Cook Briggs와 이자벨 브릭스 마이어스Isabel Briggs Myers 모녀가 스위스의 정신분석학자인 카를 융Carl Jung의 심리 유형론을 바탕으로 개발한 성격 유형 검사 도구다. MBTI는 검사가 쉽고 간편하여 학교와 회사, 군대 등에서 폭넓게 사용되고 있다.

MBTI는 네 가지 분류 기준에 따라 사람들을 열여섯 가지 심리 유형 중에 하나로 분류한다. 네 가지 분류 기준은 정신적 에너지의 방향성을 나타내는 외향-내향(E-I) 지표, 정보 수집을 포함한 인식의 기능을 나타내는 감각-직관(S-N) 지표, 수집한 정보를 토대로 합리적으로 판단하고 결정을 내리는 사고-감정(T-F) 지표, 인식 기능과 판단 기능이 실생활에서 적용되어 나타난 생활 양식을 보여 주는 판단-인식(J-P) 지표다. MBTI는 이 네 가지 선호 지표가 조합된 양식을 통해 열여섯 가지 성격 유형을 설명하며, 성격적 특성과 행동의 관계를 효과적으로 이해하도록 돕는다.

첫 번째, 외향성 extraversion과 내향성 introversion 지표는 심리적인 에너지와 관심의 방향이 자신의 내부와 외부 중에서 주로 어느 쪽으로 향하는지를 보여준다. 외향적인 사람은 주로 외부 세계에 관심과 주의를 더 기울이고 사교적이며 활동적이다. 내향적인 사람은 자신의 내면에 더 주의를 집중하며, 조용하게 내적인 활동을 즐기는 걸 좋아한다.

두 번째, 감각형 sensing과 직관형 intuition 지표는 사람이나 사물을 인식하고 지각하는 방식에서 감각과 직관 중 어느 쪽을 주로 더 많이 사용하는지 보여준다. 감각적인 사람은 오감에 의존하고 현재에 집중하는 경향이 있다. 직관적인 사람은 상상력이 풍부하고 창조적이며, 보이는 것 그대로 보다는 육감에 의존하려고 한다.

세 번째, 사고형 thinking과 감정형 feeling 지표는 수집한 정보를 바탕으로 판단과 결정을 내릴 때 사고와 감정 중에서 어떤 것을 더 선호하는지 알려준다. 사고적인 사람은 객관적인 사실에 주목하고 분석적으로 판단하려 한다. 감정적인 사람은 원리원칙에 얽매이기 보다는 인간적인 관계나 상황적인 특성을 고려해서 판단하고자 한다.

네 번째, 판단형 judging과 인식형 perceiving 지표는 인식과 판단 기능을 바탕으로 실생활에 대처하는 방식에 있어서 판단과 인식 중에서 어느 쪽을 주로 선호하는지 알려준다. 판단적인 사람은 빠르고 합리적으로 옳은 결정을 내리려고 한다. 인식적인 사람은 상황에 맞추어 활동하면서 모험이나 변화에 대한 열망이 크다.

MBTI는 위와 같은 네 가지 분류 기준에 따라 사람들을 열여섯 가지 심리 유형 중 하나로 분류한다. 열여섯 가지 성격 유형은 인식 기능(S 혹은 N)과 판단 기능(T 혹은 F)을 바탕으로 주기능과 부기능을 가지며, 에너지 방향(E 혹은 I)과 생활양식(J 혹은 P)을 바탕으로 분화되어 각기 다른 특성을 띄게 된다.

'ISTJ'는 책임감이 강하고 현실적이며 매사에 철저하고 보수적이다. 'ISFJ'는 차분하고 헌신적이며 인내심이 강하고 타인의 감정 변화에 주의를 기울인다. 'INFJ'는 높은 통찰력으로 사람들에게 영감을 주며 공동체의 이익을 중시한다. 'INTJ'는 의지가 강하고 독립적이며 분석력이 뛰어나다. 'ISTP'는 과묵하고 분석적이며 적응력이 강하다. 'ISFP'는 온화하고 겸손하며 삶의 여유를 만끽한다. 'INFP'는 성실하고 이해심이 많으며 개방적이고 내적 신념이 강하다. 'INTP'는 지적 호기심이 높고 잠재력과 가능성을 중시한다. 'ESTP'는 느긋하고 관용적이며 타협을 잘 하고 현실적 문제 해결에 능숙하다. 'ESFP'는 호기심이 많고 개방적이며 구체적인 사실을 중시한다. 'ENFP'는 상상력이 풍부하고 순발력이 뛰어나며 일상적인 활동에 지루함을 느낀다. 'ENTP'는 박학다식하고 독창적이며 끊임없이 새로운 시도를 한다. 'ESTJ'는 체계적으로 일하고 규칙을 준수하며 사실적 목표 설정에 능하다. 'ESFJ'는 사람에 대한 관심이 많고 친절하며 동정심이 많다. 'ENFJ'는 사교적이고 타인의 의견을 존중하며 비판을 받으면 예민하게 반응한다. 'ENTJ'는 철저한 준비를 하고 활동적이며 통솔력이 있고 단호하다.

에니어그램은 사람을 아홉 가지 성격으로 분류하는 성격 유형의 지표 또는 인간 이해의 틀이라 할 수 있다. 희랍어의 '9'를 뜻하는 ennear와 점, 선, 도형을 뜻하는 grammos의 합성어로, 원래 '아홉 개의 점이 있는 도형'이라는 의미다. 에니어그램은 아홉 가지 기본 성격 유형으로 구성되고 몸의 에너지가 어디를 중심으로 순환하는가에 따라 머리형(이성형), 가슴형(감성형), 장형(행동형)으로 나뉘며, 각 유형은 다시 세 개의 유형으로 세분되어 아홉 개의 기본 유형을 이루게 된다.

머리형(이성형)은 머리의 지식 에너지를 주로 쓰고 지식과 정보가 최고라는 가치관을 갖고 있다. 사실에 입각해 효율성을 중시하고 의사 결정을 할 때는 객관적, 합리적, 논리적 근거를 바탕으로 이

성적으로 판단하며, 일의 순서는 '되면 한다' 주의다. 보통 허약하고 빈약한 인상을 주는 체격이 많다. 머리형(이성형)은 5번 머리형적 머리형(아는 걸 좋아하는 똑순이), 6번 가슴형적 머리형(확인하는 걸 좋아하는 범생이), 7번 장형적 머리형(즐거운 걸 좋아하는 덜렁이)으로 나뉜다.

　　가슴형(감성형)은 가슴의 감정 에너지를 주로 쓰고 사람과 인맥이 최고라는 가치관을 갖고 있다. 느낌에 입각해 다함께 참여하는 것을 중시하고 의사 결정을 할 때는 학연, 지연, 혈연, 친분을 바탕으로 감성적으로 판단하며, 일의 순서는 '분위기가 되면 한다' 주의다. 보통 동글동글한 체격을 가지고 있으며 부드럽고 매력적인 미소가 특징이다. 가슴형(감성형)은 2번 가슴형적 가슴형(도움주는 걸 좋아하는 싹싹이), 3번 머리형적 가슴형(성공하는 걸 좋아하는 이미지 메이커), 4번 장형적 가슴형(독특한 걸 좋아하는 4차원)으로 나뉜다.

　　장형(행동형)은 아랫배 부근의 에너지를 주로 쓰고 몸과 힘이 최고라는 가치관을 갖고 있다. 행동에 입각해 제대로 하는 것을 중시하고 의사 결정을 할 때는 기본과 예절, 경험을 바탕으로 행동해 보고 판단하며, 일의 순서는 '하면 된다' 주의다. 대개 체격이 건장하고 투쟁적이거나, 도전적인 인상을 준다. 장형(행동형)은 8번 장형적 장형(강한 걸 좋아하는 시한폭탄), 9번 가슴형적 장형(통하는 걸 좋아하는 곰탱이), 1번 머리형적 장형(완벽한 걸 좋아하는 깐깐이)로 나뉜다.

성격 유형에는 좋고 나쁜 것은 없으며, 누구나 세 가지 유형을 모두 갖고 있지만 두드러지게 나타나는 한 가지 유형이 있게 마련이다. 그런데 각 유형별로 방전과 충전, 사랑과 배려, 공부와 생활 방식 등에서 차이가 나기 때문에 각종 오해와 다툼이 생긴다. 머리형은 사람을 만나고 몸을 쓰거나 스킨십을 하면 에너지가 소모되지만 잠을 자거나 혼자 있으면 에너지가 생긴다. 가슴형은 혼자 있거나 다른 사람의 관심과 인정을 받지 못하면 에너지가 소모되지만 다른 사람과 대화, 수다를 떨거나 스킨십을 하면 에너지가 생긴다. 장형은 머리를 쓰거나 복잡한 일을 하면 에너지가 소모되지만 음식으로 배를 채우고 몸을 움직이거나 운동으로 땀을 흘리면 에너지가 생긴다.

머리형은 열심히 일을 한 후에 잠을 자거나 쉬는 것으로, 가슴형은 함께 어울릴 수 있는 노래방이나 무도회장을 가는 것으로, 장형은 맛있는 음식을 먹으며 회식하는 것으로 서로의 사랑을 표현하고자 한다. 속마음을 살펴 보면 머리형은 '알려 줘', 가슴형은 '알아 줘', 장형은 '알아서 해'라고 구분할 수 있다. 일을 시킬 때도 유형에 따라 달리하면 좋다. 머리형은 '무엇을', '왜', '언제', '어떻게' 해야 하는지 구체적으로 알려주는 것이 좋다. 가슴형은 혼자 책임진다는 부담을 줄이기 위해 다른 사람과 함께 일할 수 있게 팀을 만들어 주고 힘들어 하면 도와주는 것이 좋다. 장형은 책임과 권한을 위임하고 처음부터 끝까지 믿고 맡기는 것이 좋다.

좀 더 쉽게 세 가지 유형을 이해하려면 대학교와 지역, 기업에 비유하면 된다. 머리형에는 서울대, 서울·경기, 기술의 삼성이 해당된다. 가슴형에는 연세대, 충청·호남, 인화단결의 엘지가 해당된다. 장형에는 고려대, 경상도, 도전의 현대가 해당된다. 몇 년 전 시청자들의 인기를 끌었던 「지붕 뚫고 하이킥」 시트콤의 주인공도 세 가지 유형으로 바라보면 재미를 더할 수 있다. IQ에 비해 EQ가 낮으며 남의 감정에 신경을 안 쓰는 의사로 나온 최다니엘은 머리형, 발랄하고 애교가 많으며 쇼핑을 좋아하는 황정음은 가슴형, 고등학교 체육교사로 시원시원하고 털털하며 거침없는 성격을 보여준 오현경은 장형이라고 보면 된다.

교육의 방향도 유형에 따라 달라져야 한다. 머리형은 '지혜로운 사람'으로, 아인슈타인이나 퇴계 이황과 같은 위인을 롤 모델로 삼고 항상 '왜(why)'라는 질문을 가까이 하면 좋다. 가슴형은 '사랑스러운 사람'으로, 슈바이처나 앙드레 김 같은 위인을 롤 모델로 삼고 '누구(who)'라는 질문을 가까이 하면 좋다. 장형은 '정의로운 사람'으로 키우는 것이 바람직한데, 나폴레옹이나 광개토대왕 같은 위인을 롤 모델로 삼고 '무엇(what)'이라는 질문을 가까이 하면 좋다.

동기 부여를 할 때도 유형에 따라 접근하는 것이 좋다. 머리형의 경우 원리를 이해할 수 있도록 논리적으로 이유를 충분히 설명해야 한다. 가슴형은 상호 유대관계를 바탕으로 감정적인 교류가 우선해야 하고 칭찬과 격려를 많이 하면 좋다. 장형은 솔선수범으로 모범을 보여야 하고 분명한 목표를 정하게 한 후 이를 달성하면 적절한 보상해 주는 것이 효과적이다.

진로 설정과 직업 선택을 할 때도 성격 유형을 고려하는 것이 좋다. 머리형은 무엇이든 알고 싶어하는 지적 욕구가 강하므로 꾸준히 배우면서 머리의 지식을 활용할 수 있는 일을 하고 싶어 한다. 기본 논리와 시스템을 만드는데 뛰어난 능력을 갖고 있고 연구와 분석, 해석 능력이 좋아서 전문가적인 지식을 갖추고 능력을 발휘하는 경우가 많다. 활동이 많지 않고 혼자서 조용히 할 수 있는 일을 선호하고 다른 사람과 협력하기 보다는 자신만 잘하면 되는 일이나 독립적인 일을 하고 싶어 한다. 가슴형은 사람들에게 자신의 가치를 보여주고 싶어하므로 다른 사람에게 인정받을 수 있는 일을 하고 싶어 한다. 많은 사람들과 교류하는 일을 선호하고 틀에 박힌 일보다는 창조적이면서 독특한 일을 하고 싶은 욕구가 강하다. 조용하고 차분한 환경보다는 즐겁고 생기가 넘치는 곳에서 일하는 것을 선호하며, 그 속에서 자신만의 에너지를 얻는다. 장형은 몸을 움직이는 것을 좋아하므로 구체적인 결과가 바로 나올 수 있는 일을 좋아한다. 사람들을 자신의 뜻대로 이끌 수 있는 일이나 도전 가치가 있는 일을 좋아하고 남들이 쉽게 하지 못하는 일에서 결과를 얻을 때 일의 가치를 느낀다.

한곳에 앉아서 하는 일이나 장기간 추진해야 하는 일, 남 밑에서 일하거나 사람들에게 친절하게 대해야 하는 업무에는 적합하지 않으며, 직접 발로 뛰면서 결과를 확인할 수 있는 업무 현장이 잘 맞다.

성격 유형이 같은 사람끼리는 서로에 대한 공감이 잘 되기 때문에 별 문제가 생기지 않지만, 성격 유형이 다르면 사사건건 의견 충돌로 부딪치는 일이 생기게 된다. 사실 가정과 학교, 일터, 커뮤니티에서 사람 사이에 생기는 대부분의 문제는 성격 유형의 차이가 원인이라고 해도 지나친 말이 아닐 것이다. 지금부터 1~9번까지 세부 유형을 살펴보자.

첫 번째, 1번 유형(머리형적 장형)은 '완벽주의자'라고 표현할 수 있으며, 자신의 이상을 실현하기 위해 노력을 아끼지 않는다. 장점은 매사에 완벽하고 끝맺음이 정확하며, 공정하고 정직하며, 깔끔하고 자제력이 있으며 믿음직하다는 것이다. 단점은 세부사항에 지나치게 집착하고 너무 비판적이며, 인간 관계를 별로 중요시하지 않고 독선적이며, 강박적이고 매우 완고하며, 사소한 일에 걱정이 많고 흠잡기를 좋아한다는 것이다. 공정하고 객관적인 원칙이나 기준에 따라 평가받을 수 있는 일, 목표가 분명하고 명확한 가이드라인이 있는 일, 꼼꼼하고 치밀한 마인드가 필요한 일, 숙달된 기술을 사용할 수 있는 일, 환경이나 시스템을 더 발전적으로 개선하고 보완하는 일 등을 선호한다. 비즈니스 분야의 세무사, 회계사, 감사, 공인회계사, 공보관, 기업 경영자, 창업주, 관리 분야의 현장 감독, 조세감독관, 물류관리사, 품질관리사, 정치법조 분야의 판사, 법률가, 교도관, 보호감찰관, 정치인, 사회운동가, 환경운동가 등이 유망 직종이다.

두 번째, 2번 유형(가슴형적 가슴형)은 '조력자'라고 표현할 수 있으며, 매우 사교적이며 남을 도와주기 좋아하므로 다른 사람의 기분을 이해하고 잘 맞춰준다. 장점은 정이 많고 마음이 넓으며, 친절하고 세심하며, 사람을 잘 돌보고 눈치가 빠르며, 칭찬에 후하다는 것이다. 단점은 대가를 바라는 욕구가 있고 남을 돌보느라 정작 자신의 문제는 보지 못하며, 상대가 상처를 받을까봐 돌려서 표현하고 타인을 조종하거나 독점하며, 감정이 너무 강해서 논리적이지 못하고 히스테리가 심하다는 것이다. 도움이 필요한 사람들에게 행동으로 도움을 줄 수 있는 일, 고객 서비스 창구나 판매부서처럼 사람을 직접 상대하는 일, 영향력 있는 사람들과 자주 접촉하는 일, 다양한 사람들과 지속적으로 상호작용할 수 있는 일, 친절과 서비스가 필요한 일을 선호한다. 비즈니스 분야의 비서, 보좌관, 마케팅 조사원, 판매직, 고객 응대, 세일즈맨, 음식점 및 숙박업체 경영, 연예 이벤트 분야의 연회 진행자, 미용사, 메이크업 전문가, 도우미, 사회봉사나 자선 사업가, 종교나 사회복지 기관 종사자 등이 유망 직종이다.

세 번째, 3번 유형(머리형적 가슴형)은 '성취자'라고 표현할 수 있으며, 야망이 있어서 역할이나 지위에 대해 주목받기를 원하므로 실용적이고 성공 중심적이다. 장점은 유능하고 어디서나 주목받으며, 자신감이 있고 판단력과 화술이 뛰어나며, 정열적이고 실용적이다는 것이다. 단점은 남을 쉽게 믿지 않고 자기도취에 빠지기 쉬우며, 자만과 잘난 척이 심하고 지나치게 경쟁적이라 적대적이며, '성공이냐 실패냐'만을 인생의 가치로 보고 약삭빠르게 자신에게 이익이 되는 행동만을 한다는 것이다. 큰 목표에 집중하면서 단계적으로 진행하는 일, 목표 달성을 위해 시스템을 효율적으로 개선시키는 일, 회전 속도가 빠르고 경쟁적이며 결과를 양으로 측정할 수 있는 일, 사람들의 시선을 많이 받아 성취한 것에 대한 인정과 보상이 있는 일, 영향력이 있고 유능한 사람들을 만날 수 있는 일을 선호한다. 비즈니스 분야의 마케팅 담당자, 세일즈 매니저, 경영 컨설턴트, 전문 경영인, 투자 상담가, 주식 중개인, 증권 인수업자, 국제 금융인, 기업 재정 변호사, 정치 분야의 정치인, 대변인, 보좌관, 방송 연예 분야의 아나운서, 앵커, 리포터, 영화배우 등이 유망 직종이다.

　네 번째, 4번 유형(장형적 가슴형)은 '예술가'라고 표현할 수 있으며, 자기중심적이고 독특한 것을 추구하며, 수줍음이 많고 감동적인 것을 추구한다. 장점은 따뜻하고 이해심이 많으며, 독창적이고 개성이 뚜렷하며, 자기 성찰이 뛰어나고 예술적 재능이 있으며, 감수성이 풍부하다는 것이다. 단점은 사소한 일에도 쉽게 상처받고 우울해지며, 자의식과 죄책감이 지나치게 심하고 지나치게 내성적이며, 쉽게 고민에 빠지고 질투심과 감정의 기복이 심하며, 자신에게 지나치게 몰입해서 다른 사람에게 무심하다는 것이다. 창조적이며 자신을 표현할 수 있는 일, 새로운 아이디어나 접근 방식을 찾아내서 사람들의 성장을 도울 수 있는 일, 스스로 자부심을 가질 수 있는 상품이나 서비스를 창출해내는 일, 저작권과 소유권이 인정되고 자신이 기여한 바를 인정받을 수 있는 일, 일처리 과정이나 결과에 대해 자율적인 권한을 행사할 수 있는 일을 선호한다. 비즈니스 분야의 홍보 담당자, 상품 기획자, 디자이너, 동시통역사, 변호사, 예술체육 분야의 음악가, 화가, 시인, 가수, 무용가, 배우, 연예인, 영화 제작자, 프로 운동선수, 코치, 경호원, 상담 교육 분야의 강사, 컨설턴트, 임상 심리학자, 언어 치료사, 정신 건강 상담원 등이 유망 직종이다.

다섯 번째, 5번 유형(머리형적 머리형)은 '관찰자'라고 표현할 수 있으며, 지식 탐구를 좋아하고 분석력과 통찰력이 뛰어나며, 혼자만의 시간과 공간을 중요시 한다. 장점은 분석적이고 객관적이며, 현명하고 끈기가 있으며, 지적이고 사려깊으며, 자제력이 뛰어나고 지식이 풍부하다는 것이다. 단점은 오만하고 고집이 세며, 지식을 나누기를 아까워하고 흠 잡기를 좋아하며, 지나치게 내성적이고 소극적이며, 참여하지도 않은 일에 대해 한걸음 물러서서 판단만 하고 행동하기 전에 항상 생각하지만 생각을 너무 하느라 막상 행동하지 못할 때가 많다는 것이다. 전문적인 지식이 필요한 일, 창의적이고 집중력을 요하는 일, 아이디어를 다듬고 준비할 수 있는 시간이 충분한 일, 개인 작업 공간이 있고 사생활이 보장되는 환경에서 하는 일, 많은 사람들 앞에 설 필요가 없고 마감 시간이 분명한 일을 선호한다. 비즈니스 분야의 전략 기획실장, 경제 분석가, 연구원, 논설위원, 평론가, 건축 설계사, 학술 기술 분야의 교수, 학자, 엔지니어, 컴퓨터 시스템 분석가, 컴퓨터 프로그래머, 소프트웨어 및 시스템 개발자, 그래픽 디자이너, 전문 분야의 영화감독, 바둑기사 등이 유망 직종이다.

여섯 번째, 6번 유형(가슴형적 머리형)은 '충성가'라고 표현할 수 있다. 폐쇄적이고 겁이 많으며, 책임감과 협동심이 강하고 안전을 추구하며, 짜여진 지침과 틀에 잘 적응하는 편이라 주위로부터 믿음직하다는 얘기를 많이 듣는다. 장점은 규범과 규칙에 충실하고 공동체 의식이 강하며, 주변과 조화롭게 지내고 정으로 다른 사람을 잘 돌보며, 상대방에게 호감을 준다는 것이다. 단점은 지나치게 신중하고 피해망상적이며, 자기 방어가 심하고 사고에 융통성이 없으며, 화를 잘 내고 안전하고 확실한 것이 아니면 절대 하지 않으며, 자신감과 주체성이 없이 남이 시키는 대로만 하려고 하고 우유부단하며, 지나치게 보수적이고 자립심이 부족하다는 것이다. 시스템이 안정된 환경에서 하는 일, 명확한 규칙이 있고 책임 소재가 분명한 일, 치밀하고 꼼꼼

한 준비가 필요한 일, 위험에 대비해 안전을 책임져야 하는 일, 다른 사람들을 관리감독 하는 일을 선호한다. 금융 분야의 신용 조사원, 재정 상담가, 은행원, 은행 감독관, 대출 담당자, 보험업체 종사자, 보안관공서 분야의 공무원, 장교, 경찰, 전문 분야의 감사, 약사, 회계 감사원, 기술 고문, 도서관 사서, 지질학자, 항공기 정비사, 데이터 베이스 관리자 등이 유망 직종이다.

일곱 번째, 7번 유형(장형적 머리형)은 '낙천가'라고 표현할 수 있다. 명랑하고 아이디어가 넘치며, 쾌락과 재미를 추구하고 남다른 재능이 많아서 무언가에 도전하기를 좋아한다. 장점은 항상 남들을 즐겁게 해주고 자신감과 자주성이 강하며, 상상력과 호기심이 많고 건설적인 변화를 추구한다는 것이다. 단점은 지나치게 자기도취적이고 충동적이며, 한 가지에 오래 집중하지 못하고 낙관주의가 과장되어 있으며, 깊은 인간 관계를 회피하는 경향이 있고 쉽게 열광적인 상태에 빠지며, 고통에 대한 공포가 지나치게 심하다는 것이다. 새로운 아이디어나 상품, 서비스를 개발하는 일, 새로운 프로젝트의 기획 단계에서 창조성을 불어넣는 일, 비공식적이고 독립적인 일, 새로운 사람들을 만나거나 기술을 배울 수 있는 일, 최소한의 규율과 최대한의 자유가 있고 일의 속도와 일정을 스스로 조절할 수 있는 일, 뒷정리나 반복적인 업무, 조직 관리와 관련성이 적은 일을 선호한다. 비즈니스 분야의 컨설턴트, 세일즈맨, 상품 기획자, 기업 교육 전문가,

승무원, 파일럿, 마케팅 기획 분야의 홍보 전문가, 마케팅 컨설턴트, 광고 기획자, 카피라이터, 전략 기획자, 크리에이티브 분야의 언론인, 기자, 칼럼니스트, 리포터, 출판 편집자, 연출가, 개그맨, 사회자, 만화가 등이 유망 직종이다.

여덟 번째, 8번 유형(장형적 장형)은 '지도자'라고 표현할 수 있으며, 리더십이 강해서 권력과 승리를 추구하며, 자신이 옳다고 생각하는 것에 대해서는 모든 것을 걸고 싸울 준비가 되어 있고 자신의 힘을 발휘할 수 있는 위치에 올라가려고 노력한다. 장점은 단도직입적이고 단호하며, 자신감이 넘치고 성실하며, 권위가 있고 게으름을 피우지 않으며, 행동력이 있어서 상대방에게 안정감을 준다는 것이다. 단점은 남을 조종하려 하고 지나치게 반항적이고 오만하며, 고집이 세서 자신이 원하는 것만을 중요하게 생각하고 자신만의 정의를 너무 추구하며, 자신의 행동을 부끄러워하지 않고 자신의 약점과 한계를 인정하지 않으며, 파괴적이고 독재적이며, 자신의 몸만을 지키려 하기 때문에 동료를 쉽게 버린다는 것이다. 과감한 결단력과 추진력이 필요한 일, 조직의 외형을 크게 확장시키는 일, 타인을 지도하고 통솔하는 일, 업무 영역에 대한 책임과 권한이 확실한 일, 결정권이 있는 일, 대의명분이 분명하고 사회적으로 존경받을 수 있는 일을 선호한다. 비즈니스 분야의 신규 사업 개척자, 벤처 사업가, 프랜차이즈 경영자, 기업 경영자, 국제 세일즈맨, 마케팅 담당자, 영업 및 판매 책임자, 투자가, 교육 종교 분야의 사회교육 강사, 기업교육 강사, 부흥 목사, 종교 지도자, 혁명 지도자, 스포츠 예술 분야의 프로 운동선수, 코치, 트레이너, 감독, 가수, 연기자 등이 유망 직종이다.

아홉 번째, 9번 유형(가슴형적 장형)은 '조정자'라고 표현할 수 있다. 안정과 평화를 추구하고 넓은 포용력을 가졌으며, 갈등이나 긴장을 피하고 편견 없이 냉정하게 생각하면서 다른 사람의 고민을 잘 들어주며, 어떤 상황에서도 불만을 표출하지 않고 언제나 만족감에 차 있다. 장점은 붙임성이 있고 온순하며, 인내심이 강하고 포용력이 많으며, 타인의 입장에서 생각한다는 것이다. 단점은 현실적인 대처 능력이 부족하고 자신에게 무관심하며, 강박관념이 심하고 수동적이며, 타인을 너무 쉽게 동일시하고 자신의 의견을 표현하지 못하며, 자아 존중감이 낮고 게으르며 나태하다는 것이다. 포용력과 이해심이 필요한 일, 조화로운 팀워크가 요구되는 일, 전체 진행을 조율하는 일, 책임 소재가 분명하고 변화가 크지 않은 일, 사람들과 직접 접촉해서 갈등을 중재하고 성장을 돕는 일, 모든 관점의 의견과 느낌을 자유롭게 나눌 수 있는 관대함과 협동심이 필요한 일을 선호한다. 비즈니스 분야의 인사 담당자, 인력개발 전문가, 직업 소개자, 기업의 임원, 중간 관리자, 상담교육 서비스 분야의 약물중독 상담원, 고용지원 상담원, 사내 상담사, 복지 전문가, 서점 운영자, 채신 관련 담당자, 보건의료 분야의 식이 요법사, 언어치료사, 대체의학 의사 등이 유망 직종이다.

　　에니어그램을 이해하면 '무엇'이 아닌 '어떻게'에 더 비중을 두게 된다. 장래 희망이 교사라고 한다면 머리형은 자신의 지식과 정보를 전달해서 지혜로운 사람으로 성장하도록 돕는 선생님의 모습을 그릴 것이고 가슴형은 아이들과 함께 생활하면서 사랑스러운 사람으로 성장하도록 돕는 선생님의 모습을 꿈꿀 것이며, 장형은 솔선수범의 리더십을 발휘해 정의로운 사람으로 성장하도록 돕는 선생님의 모습을 기대할 것이다. 자신의 성격 유형에 따라 같은 교사라도 직업을 통해 얻는 개인적인 기쁨과 사회적인 기여는 다르다. 무엇을 하느냐도 중요하지만 어떤 것을 원하고 그것을 어떻게 하느냐가 더 중요하다. 모든 존재는 스스로 답을 갖고 있으므로 각자 내면의 소리에 귀를 기울인다면 미래를 향한 길이 훨씬 밝게 보일 것이다.

흥미검사의 이해 : 홀랜드 흥미검사의 여섯 가지 유형

흥미검사는 '홀랜드 성격이론'을 바탕으로 하는 흥미검사가 대표적인데, 직업선호도검사(VPI), 자기방향탐색(SDS), 직업탐색검사(VEIK), 자기직업상황(MVS), 경력의사결정검사(CDM) 등이 해당된다. 홀랜드의 성격이론은 '직업적 흥미는 일반적으로 성격이라고 부르는 것의 일부분이기 때문에 개인의 직업적 흥미에 대한 설명은 개인의 성격에 대한 설명이다'라는 가정에 기초하고 있다. 사람들은 자신의 능력과 기술을 발휘하고 태도와 가치를 표현하며 자신에게 맞는 역할을 수행할 수 있는 환경을 찾는다. 개인의 행동은 성격과 환경의 상호작용에 의해서 결정되는데, 사람의 성격과 그 사람의 직업환경에 대한 지식은 진로 선택, 직업 변경, 직업 성취 등에 관해서 중요한 결과를 예측할 수 있게 해준다.

성격에 관한 홀랜드 Johan L. Holland의 연구는 유형론에 중심을 두고 있는데, 각 개인이 여섯 가지 기본 성격 유형 중 하나와 유사하고 환경도 여섯 가지 유형이 있어서 이것도 성격과 같이 확실한 속성과 특성에 따라 설명 될 수 있다고 한다.

첫 번째, 현실형(Realistic, 기술자)은 기계와 도구, 동물에 관한 체계적인 조작 활동을 좋아하고 사회적 기술이 부족하며, '순응적인, 솔직한, 정직한, 겸손한, 유물론적인, 꾸밈없이 순수한, 지구력 있는, 실용적인, 신중한, 수줍어 하는, 착실한, 검소한' 등의 단어와 잘 어울린다. 현장에서 직접 신체를 움직이며 하는 일, 눈에 보이는 결과가 나타나는 일, 자연이나 야외에서 하는 일을 좋아한다. 추천 직업으로는 전기전자 기술자, 자동차 수리공, 공학자, 방사선 기술자, 배관공, 원예사, 조경사, 농장 경영자, 목축업자, 산림 감시원, 농업 교사, 농민, 선원, 어부, 목수, 중장비 기사, 비파괴 기사, 경찰관, 직업 군인, 항공기 조종사, 항공기 정비사, 운동 코치, 프로 운동선수 등이 있다.

두 번째, 탐구형(Investigative, 과학자)은 분석적이고 호기심이 많으며, 조직적이고 정확하지만 리더십 기술이 부족하며, '분석적인, 조심스러운, 비판적인, 호기심이 많은, 독립적인, 지적인, 내향적인, 방법론적인, 신중한, 정확한, 합리적인, 말수가 많은' 등의 단어와 잘 어울린다. 정보를 토대로 새로운 사실이나 이론을 밝혀내는 일, 복잡한 문제를 풀면서 성취감을 느낄 수 있는 일, 많은 자료와 현상을 분석하고 구조화해서 이론적 체계를 세우는 일을 좋아한다. 추천 직업으로는 과학 분야 연구자, 물리학자, 화학자, 생물학자, 지질학자, 천문학자, 과학교사, 수학자, 통계학자, 사회과학 분야 종사자, 사회학자, 심리학자, 대학교수, 내과의사, 외과의사, 치과의사, 한의사, 수의사, 의료 기술자, 약제사, 연구 개발 관리자 등이 있다.

세 번째, 예술형(Artistic, 음악미술가)은 표현이 풍부하고 독창적이며, 비순응적이고 규범적인 기술이 부족하며, '세련된, 무질서한, 정서적인, 표현적인, 이상적인, 상상력이 풍부한, 실용적이지 못한, 충동적인, 독립적인, 직관적인, 비순응적인, 독창적인' 등의 단어와 잘 어울린다. 아이디어를 새로운 방식으로 표현하는 일, 어떤 사물이나 현상을 자신만의 독특한 방식으로 표현하는 일, 그리거나 만들거나 곡을 쓰거나 장식하는 등 예술적인 일을 좋아한다. 추천 직업으로는 화가, 조각가, 성악가, 연주가, 무용가, 만화가, 사진가, 삽화가, 일러스트레이터, 미술교사, 음악교사, 미술관 책임자, 박물관 경영자, 건축가, 실내 장식가, 작가, 시인, 아동문학가, 신문기자, 국어교사, 리포터, 잡지 편집인, 카피라이터, 광고 크리에이터, 연예인, 탤런트, 배우, 가수, 방송인, 예능교사, 요리사, 제과제빵사, 푸드 스타일리스트, 소믈리에 등이 있다.

네 번째, 사회형(Social, 교육상담가)은 다른 사람과 함께 일하거나 남을 돕는 것을 즐기지만 도구와 기계를 포함하는 질서정연하고 조직적인 활동을 싫어하고 기계적이고 과학적인 능력이 부족하며,

'설득력 있는, 협조적인, 우애가 있는, 관대한, 남을 도와주는, 이상적인, 통찰적인, 친절한, 책임감 있는, 사교적인, 재치 있는, 이해심 있는' 등의 단어와 잘 어울린다. 자신이 알고 있는 것을 다른 사람들에게 알려주는 일, 대화와 토론을 통해 문제를 해결하는 일, 열심히 한 만큼 인정받는 일, 대가없이 봉사하는 일을 좋아한다. 추천 직업으로는 초중고 교사, 상담교사, 진로진학 교사, 청소년 단체 지도자, 특수교육 교사, 보육교사, 유치원 선생님, 탁아소 육아 담당자, 방문 교사, 학원 강사, 독서 지도사, 학습 코치, 입시 컨설턴트, 기업교육 강사, 평생교육 강사, 문화센터 강사, 레크레이션 강사, 사회 사업가, 지역봉사 단체 책임자, 결혼 상담사, 간호사, 물리치료사, 심리치료사, 언어치료사, 의료보조원, 정신보건 사업가, 목사, 신부, 수녀, 스님, 대학교 취업 보도과 직원, 학교 행정 담당자 등이 있다.

다섯 번째, 진취형(Enterprising, 정치경영자)은 조직 목표나 경제적 목표를 달성하기 위해 타인을 조작하는 활동을 즐기지만 상징적이고 체계적인 활동을 싫어하고 과학적 능력이 부족하며, '모험적인, 야망이 있는, 관심을 받는, 지배적인, 정열적인, 충동적인, 낙관적인, 재미 추구적인, 인기 있는, 자기 확신적인, 사교적인, 말이 많은' 등의 단어와 잘 어울린다. 상황을 파악하고 문제점을 찾아내어 신속하게 해결하는 일, 업무 진행이 되게끔 조정하고 결단을 내리는 일, 조직이나 단체에서 책임지고 결정짓는 일을 좋아한다. 추천 직업으로는 아나운서, MC, 토론 진행자, 방송국 PD, 영화 감독, 축구 감독, 뮤지컬 감독, 변호사, 경매업자, 도매상인, 마케팅 책임자, 홍보 담당자, 판매 책임자, 해외 업무 담당자, 물품 구입 담당자, 인사부 책임자, 공장 관리 책임자, 레스토랑 매니저, 매장 관리자, 광고대행업자, 부동산 중개인, 상공회의소 직원, 보험 판매원, 영업사원, 세일즈맨, 여행사 직원, 여행 전문가, 항공기 승무원, 이벤트 전문가, 정치인, 국회의원, 지방자치 단체장, 연극 단장, 협회장, 중소기업 경영자, 자영업 사장 등이 있다.

여섯 번째, 관습형(Conventional, 경리사서)은 체계적으로 자료를 잘 처리하고 기록을 정리하거나 자료를 재생산하는 것을 좋아하지만 심미적 활동은 피하며, '순응적인, 양심적인, 조심성 있는, 보수적인, 억제하는, 복종적인, 질서정연한, 지구력 있는, 실용적인, 자기통제적인, 상상력이 없는, 능력 있는' 등의 단어와 잘 어울린다. 잘 짜여진 조직이나 틀 안에서 하는 일, 목표와 절차, 수단이 명확하게 제시되는 일, 업무 자체의 능률과 효율성이 뛰어난 일을 좋아한다. 추천 직업으로는 공인회계사, 보험계리사, 은행원, 재무 컨설턴트, 세무회계 감사원, 신용관리자, 상업교사, 총무과 경리, 도서관 사서, 출판사 편집지, 회사 비서, 사무직원, 문서작성인, 의료기록원, 원무과 직원, 인쇄업자, 제품 관리인, 급식 관리인, 매장 판매인, 계산원, 컴퓨터 프로그래머 등이 있다.

홀랜드의 이론은 개인적, 사회 환경적 요인을 무시한 채 성격만을 강조했고 개인이 자신과 환경을 변화시킬 수 있는 능력이 있다는 점을 고려하지 못했으며, 인성을 중요시하면서 인성 발달 과정에 대한 설명이 충분하지 못하다는 단점이 있다. 하지만 개인과 환경의 상호작용을 이해하는데 탁월하고 인성 특성과 직업적인 흥미를 이해하는데 공헌한 것은 큰 장점이다.

적성검사의 이해 :
다중지능검사의 여덟 가지 유형

적성검사에서 '적성'은 현재 자신이 잘하고 있는 '능력'과 앞으로 자신이 잘할 수 있는 잠재 능력(가능성)을 포함하는 의미다. 적성검사는 다중지능검사가 대표적인데, 1983년 미국의 심리학자 하워드 가드너 Howard Gardner가 개발했다. 그는 지능이 높은 아동은 모든 영역에서 우수하다는 종래의 획일주의적인 지능관을 통렬히 비판하면서, 인간의 지적 능력이 서로 독립적이며 상이한 여러 유형의 능력으로 구성된다고 보았다. 그리고 인간의 지능이 언어, 음악, 논리 수학, 시각 공간, 신체 운동, 대인 관계, 자기 성찰, 자연 친화 등 독립된 여덟 개의 지능으로 구성되어 있다고 설명한다. 대부분의 사람들은 여덟 가지의 지능 중에 두세 개 분야에서 강점을 보이는데, 간혹 여덟 가지가 골고루 발달된 경우도 있다.

첫 번째, 언어 지능은 생각하면서 복잡한 의미를 표현하는 언어를 사용하는 능력이다. 언어 지능이 높은 사람은 말이나 글로 표현하는 활동을 잘 하고 책 읽기를 좋아해서 자주 읽으며, 한 번 읽은 내용을 잘 기억하는 편이다. 관련 직업은 작가나 기자, 아나운서, 연설가, 출판 편집자, 카피라이터 등이다.

두 번째, 음악 지능은 음높이와 음의 리듬, 음색 등에 대한 민감성을 보이는 능력이다. 음악을 듣고 표현하기를 좋아하고 음정과 박자의 차이를 잘 알 수 있으며, 다른 사람보다 빨리 악기를 배우는 편이다. 관련 직업은 연주가나 음악 비평가, 작곡가, 콘서트 프로듀서, 음향기사, 작사가, 피아노 조율사 등이다.

세 번째, 논리 수학 지능은 계산과 정량화가 가능하고 명제와 가설을 생각하면서 복잡한 수학적 기능을 수행하는 능력이다. 숫자와 친하고 숨겨진 의도나 규칙, 공통점을 잘 찾으며, 논리성을 요구하는 활동에 능숙하고 실험하기를 즐긴다. 관련 직업은 수학자나 회계사, 세무사, 금융 전문가, 보험상품 개발자, 통계 전문가, 컴퓨터 프로그래머 등이다.

네 번째, 시각 공간 지능은 내외적 이미지의 지각, 재창조, 변형, 수정이 가능하도록 하고 자신이나 사물을 공간적으로 조정하며 그래픽 정보로 생산 또는 재해석이 가능하도록 하는 능력이다. 시각적 기억력이 뛰어나 눈썰미가 좋다는 말을 자주 듣고 머릿속의 이미지를 그림이나 영상으로 잘 표현하며, 공간을 지각하는 능력이 뛰어나서 평면도를 보고 머릿속에 입체화할 수 있으므로 지도만 보고도 길을 잘 찾는다. 관련 직업은 디자이너나 화가, 애니메이터, 사진 작가, 항해사, 지도 제작자, 인테리어 전문가, 건축 설계사 등이다.

다섯 번째, 신체 운동 지능은 대상을 잘 다루고 신체적 표현이나 신체적 기술을 잘 조절하는 능력이다. 자신이 아는 것을 몸으로 잘 표현하고 다른 사람의 몸짓이나 목소리를 잘 흉내내며, 운동 신경이 발달했다는 말을 많이 듣고 주변 공간을 새롭게 꾸미는 것을 좋아한다. 관련 직업은 배우나 레크레이션 지도자, 에어로빅 강사, 치어리더, 요가 전문가, 무용가, 외과의사, 엔지니어, 조종사, 카레이서, 자동차 정비사, 조각가, 운동선수, 심판 등이다.

여섯 번째, 대인 관계 지능은 타인을 잘 이해하고 다른 사람과 효과적으로 상호 작용하는 능력이다. 상황을 이해하는 능력이 뛰어나고 타인의 감정을 잘 이해하므로 친구들 사이에서 인기가 많으며, 사람들 앞에서 공연이나 발표하는 것을 좋아하고 여러 사람의 마음을 움직여서 원하는 방향으로 이끄는 리더십이 있다. 관련 직업은 교사나 정치가, 외교관, 공무원, 변호사, 경찰관, 사회복지사, 상담원, 판매원 등이다.

일곱 번째, 자기 성찰 지능은 자신에 대한 정확한 지각을 바탕으로 자신의 인생을 계획하고 조절하는데 필요한 지식을 사용할 수 있는 능력이다. 자기 내면의 세계가 확고해서 조용히 명상하거나 생각하는 시간을 즐기며, '왜?'라는 질문을 잘하고 혼자 힘으로 계획을 세우고 결정을 내릴 수 있으며, 자신의 신념을 지키기 위해 애쓴다. 관련 직업은 철학자나 수도자, 소설가, 정신과 의사, 범죄 연구원, 심리치료사, 정신적 지도자 등이다.

여덟 번째, 자연 친화 지능은 자연의 패턴을 관찰하고 대상을 정의하고 분류하며, 자연과 인공적인 체계를 이해하는 능력이다. 자연 현상을 탐구하거나 감상하기를 좋아하고 별자리나 우주, 자연에 관심이 많으며, 농사짓기와 화분 가꾸기, 동물 기르기 등을 잘 하고 실험이나 견학, 여행을 좋아한다. 관련 직업은 원예사나 정원사, 천문학자, 여행가, 수의사, 농부, 생태연구가, 환경운동가, 환경전문가, 기상예보관, 조련사, 사육사, 꽃꽂이 강사 등이다.

하워드 가드너의 다중지능 이론은 직업 적성을 알아보는데 유용한 도구로, 직업 적성검사는 다중지능 이론을 근간으로 하여 다루고 있다. 그런데 다중지능 중에서 자신이 어떤 분야에 가장 능력이 있는지를 알고 그것을 중심으로 발달시키는 것도 중요하지만 여덟 가지 지능 중에 '자기 성찰' 지능은 노력을 해서라도 반드시 기를 필요가 있다. 왜냐하면 자기 성찰 지능이 다른 일곱 가지 지능을 뒷받

침하는 중요한 유형이기 때문이다. 예를 들어 아무리 뛰어난 언어 지능을 갖고 있어도 자기 성찰 지능이 부족하면 작가나 아나운서 같은 직업에서 능력을 발휘하기 어렵다. 진정으로 자신이 원하는 것이 무엇인지, 무엇이 중요한지, 그것이 어떤 의미와 가치를 지니는지를 알아야만 신념을 바쳐 일할 수 있기 때문이다.

지금까지 올바른 진로 설정을 위한 '자기 이해'를 위해 다양한 요소를 살펴봤다. 특히 진로에 큰 영향을 미치는 '성격과 흥미, 적성'은 워크넷이나 커리어넷의 다양한 심리검사를 통해 자신이 어느 유형에 속하는지를 파악한 후에 이를 종합적으로 고려해야 한다. 먼 길을 떠날 때 목적지에 정확하게 도착하기 위해 나침반과 지도가 필요하듯이 진로 여행을 위해서도 자신의 유형 파악을 통한 자기 이해가 무엇보다 중요하다.

성격과 흥미,
적성검사의 활용법

진로 전문가들은 직업을 선택할 때 '성격과 흥미, 적성' 등 세 가지를 고려하라고 말한다. 성격은 타고난 심리적 성향(천성)을 뜻하는데, 개인의 생각과 행동, 느낌, 반복적인 심리 패턴 등을 포함한 개념이고 어느 곳에서 어떤 사람들과 무슨 일을 할 때 더 만족스럽고 행복을 느끼는지와 관련 있다. 흥미는 어떤 일에 대해 얼마나 관심이 있는지, 어느 정도 좋아하고 정말로 하고 싶어하는지와 관련 있으며, 적성은 현재 자신이 잘 할 수 있는 일이나 미래에 잘 할 수 있는 잠재 능력과 관련 있다.

진로 설정이나 직업 선택을 할 때 우리가 가장 많이 하는 고민은 '성격과 흥미', '적성' 중에서 어느 것에 좀 더 우선 순위와 비중을 둘 것인가 하는 점이다. 보통은 지금 당장 잘 하는 일이 눈에 보이므로 적성을 최우선 순위로 하고 그 다음이 흥미, 마지막으로 성격 순서다. 그런데 좀 더 행복한 삶을 위해서는 성격과 흥미, 적성 순서로 우선 순위를 정하는 것이 좋다. 인생이 행복하려면 '일과 놀이', '휴식'

이 조화를 이루어야 하고 생활이 곧 일이 되며, 일 속에서 놀이와 휴식이 함께 이루어지면 가장 이상적이다.

위의 세 가지 요소 중에서 '성격'은 언제, 어디서, 누구와 무슨 일을 하든 영향을 미친다. 즉, 가정과 일터, 커뮤니티 등의 공간에서 가족과 동료, 친구들과 함께 생활하고 일하며 놀고 휴식할 때와 모두 관련이 있으므로 가장 비중이 크다. '흥미'와 '적성'은 일과 관련이 있는데, 적성이 있더라도 흥미가 없으면 지속하기가 어렵지만 흥미가 있어서 계속 노력하다 보면 능력이 발달하면서 적성도 생기므로 적성보다는 흥미가 좀 더 비중이 크다. 따라서 바람직한 진로 설정과 직업 선택을 위해서는 성격과 흥미, 적성을 '5:3:2'의 비율로 고려하는 것이 좋다.

'A'라는 사람이 성격과 흥미, 적성검사를 해봤더니 다음과 같은 결과가 나왔다. 먼저 성격은 MBTI와 에니어그램 두 가지 검사를 했다. MBTI는 'INTJ(과학자형)' 유형으로, 전체적으로 조합하여 비전을 제시하는 사람이다. 에니어그램은 '5번(머리형적 머리형)'으로, 상징어는 탐구 전문가, 상징 동물은 부엉이, 특징은 명쾌한 논리와 지혜로 빛나면서 지식을 얻고 관찰하는 사람이다.

흥미는 적업선호도검사를 했는데, CE(관습형/진취형)으로 정해진 원칙과 계획에 따라 자료를 기록, 정리, 조직하는 일을 좋아하고 체계적인 작업 환경에서 사무적, 계산적 능력을 발휘하는 활동에 흥미가 있으며(관습형), 조직의 목적과 경제적인 이익을 얻기 위해 타인을 지도, 계획, 통제, 관리하는 일과 그 결과로 얻어지는 명예, 인정, 권위에 흥미가 있다(진취형).

　적성은 다중지능검사를 했는데, 결과는 다음과 같다. 1순위는 자기 성찰 지능으로써 특정한 활동에 대한 좋고 싫음이 분명하며 그것을 잘 표현하고 감정 전달에 뛰어나며, 스스로의 강점과 약점을 명확히 인식하고 자신의 능력을 확신하며, 적절한 목표를 설정하고 야심을 가지고 일한다. 2순위는 언어 지능으로 '왜?'라는 질문을 자주하고 말하기를 즐기며, 다양한 어휘력을 가지고 있고 새로운 언어를 쉽게 배우며, 단어 게임, 말장난, 시 낭송, 말로 다른 사람 웃기는 일 등을 즐기고 책 읽는 것과 다양한 종류의 글쓰기를 즐기며, 언어의 기능을 잘 이해한다. 3순위는 논리 수학 지능으로 다양한 퍼즐 게임을 즐기고 수를 가지고 놀며, 사물의 작용과 운동 원리에 관심이 많고 규칙에 바탕을 둔 활동 성향을 가지며, '만일~' 식의 논리에 관심이 있고 사물을 모으고 분류하는 것을 좋아하며, 분석적으로 문제에 접근한다.

　성격검사 결과 에니어그램의 5번(머리형적 머리형) 유형에 적합한 직업은 비즈니스 분야의 전략 기획실장, 경제 분석가, 연구원, 논설위원, 평론가, 건축 설계사, 학술 기술 분야의 교수, 학자, 엔지니어, 컴퓨터 시스템 분석가, 컴퓨터 프로그래머, 소프트웨어 및 시스템 개발자, 그래픽 디자이너, 전문 분야의 영화감독, 바둑기사 등이다. 흥미검사 결과 적업선호도검사의 CE(관습형/진취형) 유형에 적합한 직업은 관세사나 경영회계 관련 전문가, 예산기획, 세무 및 자재 관리 관련 사무원, 총무 및 생산 관리 사무원, 은행원이나 출납창구 사무원, 만화 채색가나 만화가 및 애니메이터, 법원 속기사, 출판 및 자료 편집 사무원, 비서 등이다. 적성검사 결과 다중지능검사의 자기 성찰 지능 유형에 적합한 직업은 신학자, 심리학자, 작가, 발명가, 정신분석학자, 성직자, 작곡가, 기업가, 예술인, 심리 치료사, 심령술사, 역술인, 자기 인식 훈련 프로그램 지도자 등이다.

성격과 흥미, 적성검사를 종합적으로 고려해 본다면 교수나 학자, 작가 등의 직업이 잘 맞고 어떤 한 분야의 지식과 정보를 수집하고 다양한 연구를 바탕으로 교육 프로그램으로 개발한 후에 강의나 책을 통해 다른 사람들을 교육하는 일이 적합하다.

최근에 진로 지도를 하면서 가장 어려운 점은 취업난과 실업률이 갈수록 심각해지고 있다는 것이다. 국외적 관점에서 'L자 경기'의 영향으로 인한 세계 경제의 장기 침체, 국내적 관점에서 국가 경제 계획을 체계적으로 수립하고 운영하는 리더십의 부재, 기업적 관점에서 미래를 선도하고 새로운 가치를 창출할 수 있는 신사업 분야에 대한 준비 부족, 개인적 관점에서 신자유주의 경제체제에서의 부익부 빈익빈의 양극화 현상 등이 복합적인 원인으로 작용하기 때문에 벌어지는 일이다.

1960년대부터 시작된 국가 주도의 계획 경제에 따른 개발 독재의 효과로 1인당 국민소득(GDP)이 100달러에서 30년 만에 1만 달러를 넘었고 경제 성장률도 연평균 7% 대를 기록하면서 누구나 쉽게 일할 수 있는 기회를 가질 수 있었다. 1997년 IMF 외환 위기를 겪으면서 사회 전반적으로 체질 개선에 따른 큰 변화가 있었지만 이를 빠르게 극복하면서 다시 경제가 조금씩 성장해서 1인당 국민소득(GDP)은 2만 달러를 넘었고 경제성장률도 연평균 4% 대를 유지했다. 그런데 2008년 글로벌 금융위기 이후로는 경제 성장 속도가 크게 둔화되어 1인당 국민소득(GDP)도 몇 년째 제자리 걸음을 하고 있고 경제성장률도 2% 대로 떨어졌다. 이런 전 세계적인 경제 침체의 시기를 슬기롭게 헤쳐 나가려면 진로 지도와 직업 선택에 대한 패러다임도 바꾸어야 한다.

아직도 대부분의 사람들은 직업 안정성과 금전적인 보상을 최고의 가치로 생각하고 대기업에 취직하거나 공무원이 되길 꿈꾼다.

하지만 극심한 취업률과 실업률, 비정규직 비율을 고려한다면 조건을 따지기보다 어디든 일단 취업을 한 후 그 안에서 자신의 성격과 흥미, 적성을 고려한 업무 분야에서 전문성을 키우면서 경력을 쌓는 것이 현실적인 선택이 될 거라 예상한다. 아래 직업 탐색에 대한 정보가 도움이 되길 바란다.

예를 들어 직장을 다니는 회사원도 무척이나 다양한 일을 한다. 우선 직급 체계는 위에서부터 아래로 대표이사(사장), 자문위원(전무, 상무, 이사), 부장, 차장, 과장, 대리, 사원, 인턴 등으로 나뉘어져 있고 부서는 전략기획부(회사 운영과 관계된 전 과정을 설계하고 집행하는 곳. 경영지원팀, 재무회계팀, 인사관리팀), 영업부(회사 제품을 국내외로 판매하는 곳. 마케팅 홍보팀, 영업관리팀, 현장관리팀), 연구개발부(제품의 품질을 향상시키고 신제품을 개발하는 곳. 품질관리팀, 제품개발팀) 등이 있다. 학교에도 다양한 사람들이 각 분야의 일을 나누어서 하고 있다. 조직도를 보면 직급 체계는 이사장, 학교장, 교감, 부장(교무, 학년, 진로 등), 교사 등으로 나뉘어져 있고 부서는 학교운영이사회, 교무위원회, 교원인사위원회, 학생지도위원회, 교수부(교육정보관리실, 교육과정운영실, 과목연구실), 행정실(입학관리, 대외홍보, 국제협력, 재무관리, 시설관리) 등이 있다.

성격 유형으로 보면 유형별 적합한 부서는 머리형은 연구개발

부나 전략기획부가 잘 맞고 가슴형은 영업부의 마케팅 홍보팀이나 고객서비스팀이 잘 맞으며, 장형은 영업부의 영업관리팀이나 현장관리팀이 잘 맞다. 학교의 경우 머리형은 과학교사, 수학교사, 행정실의 입학관리팀, 재무관리팀이 잘 맞고 가슴형은 미술교사, 음악교사, 행정실의 대외홍보팀, 국제협력팀 등이 잘 맞으며, 장형은 체육교사, 학교 보안관, 행정실의 시설관리 등이 잘 맞다. 유형별 적합한 직책은 머리형은 평사원이나 평교사, 가슴형은 중간 관리자나 부장교사, 장형은 사장이나 학교장, 위원장이 잘 맞다.

흥미 유형으로 보면 유형별 적합한 부서는 현실형은 현장관리팀, 탐구형은 연구개발팀, 예술형은 광고홍보팀, 사회형은 교육운영팀, 진취형은 영업관리팀, 관습형은 재무관리팀 등이 잘 맞고 다중지능유형으로 보면 유형별 적합한 부서는 언어 지능은 광고홍보팀, 음악 지능은 사내방송팀, 논리수학 지능은 재무회계팀, 시각공간 지능은 홈페이지 관리팀, 신체 운동 지능은 시설관리팀, 대인관계 지능은 고객 서비스팀, 자기 성찰 지능은 경영관리팀, 자연 친화 지능은 시설관리팀이 잘 맞다.

앞으로 진로 지도를 할 때 성격과 흥미, 적성검사 결과를 바탕으로 1~3순위의 직업을 선택하길 바란다. 만약 직업 선택에 어려움이 있다면 일단 어디든 들어가서 그 분야 내에서 업무 부서나 직급에 따라 자신에게 적합한 일을 찾아보는 것이 좋다. 위 내용은 현재 자신의 직업이나 하고 있는 일 때문에 힘들어 하거나 진로 변경을 고민하고 있는 사람들에게도 아주 유용한 정보가 될 거라 믿는다.

교사와 부모의 역할

　　진로와 진로 정보가 갈수록 중요해지는 이유는 시대의 흐름에 따라 교육 패러다임과 인재상이 변했기 때문이다. 우리가 살고 있는 사회는 크게 원시 수렵사회, 농경사회, 산업사회, 정보사회, 창조사회로 변천해 왔다. 원시 수렵사회에서는 사냥을 잘하는 것이 중요했으므로 육체적인 강인함을 가진 인재가 필요했다. 제1의 물결인 농업혁명으로 시작된 농경사회에서는 토지와 농기구를 소유한 사람이 부의 대부분을 가져가게 되었고 농사를 잘 짓는 것이 중요했으므로 자연 친화력과 성실성, 인내심을 가진 인재가 필요했다. 제2의 물결인 산업혁명으로 시작된 산업사회에서는 자본이나 공장을 가진 사람이 부를 차지하게 되었고 대량제품 생산을 위한 기술이 중요했으므로 이해력과 암기력, 독해력과 계산력 등을 갖춘 인재가 필요했다. 제3의 물결인 정보화 혁명으로 시작된 20세기 정보사회에서는 정보가 돈이 되고 앞선 정보를 자신의 것으로 재가공하는 능력을 가진 사람이 세상을 지배하게 되었고 창의적인 문제 해결 능력을 가진 인재가 필요했다. 제4의 물결인 창조혁명으로 시작된 21세기 창조사회에서는 새로운 가치를 창출하는 능력을 가진 인재가 미래의 주역이 될 거라 기대한다.

이런 변화의 흐름에 따라 세계의 석학들과 미래학자들은 21세기의 인재상을 다양하게 제시하고 있다. 2014년 글로벌 인재포럼에서 기조 연설을 맡은 게이오대학교 세이케 아츠시 총장은 '21세기 인재는 신뢰와 통합을 할 수 있어야 한다'고 역설했고 2014년 초 EBS 신년특집 대담에서 세계은행의 김용 총재는 '글로벌 인재의 조건으로 놀기, 열정, 목적, 끈기 등 네 가지 요소를 갖추어야 한다'고 했다. 『새로운 미래가 온다』의 저자 다이엘 핑크Daniel H. Pink는 21세기를 '하이 컨셉, 하이 터치의 우뇌시대'라고 하면서, 디자인과 스토리, 조화, 공감, 놀이, 의미 등 여섯 가지가 미래 인재의 조건이라고 강조했다. 『2020 부의 전쟁』의 저자 최윤식 소장은 21세기 스마트(SMART) 인재가 되기 위해 S(Sense, 감각/통찰력), M(Method, 사고력), A(Art, 창의력), R(Relationship, 관계력), T(Technology, 기술응용력) 등 다섯 가지 요소가 중요하다고 했다. 전문가마다 말은 조금씩 다르지만 '언어와 조화, 공감, 열정' 등 네 가지를 미래 인재의 능력이라고 정리하고 있는데, 언어 능력은 상대를 설득할 수 있는 의사소통의 바탕이 되고 조화 능력은 경계를 넘나드는 창의성의 원천이 되며, 공감 능력으로 다른 사람의 처지와 감정을 직관적으로 이해할 수 있고 열정으로 어떤 역경을 딛고서도 하고 싶은 일에 매진할 수 있다.

사회의 변화에 따라 직업 세계도 큰 영향을 받고 있다. 박영숙 (사)유엔미래포럼 대표는 자신의 저서 『유엔미래보고서 2030』에서 2030년에 전 세계 일자리 중 약 20억 개가 사라지고 지구인 80억 명 중 절반이 일자리를 잃겠지만 세상은 더 살기 좋아지고 인간은 첨단 기술을 이용해 새로운 일자리를 창출해 낼 것이라고 예상했다. 옥스퍼드 대학교의 연구에 따르면 전문화, 고령화, 핵가족화, 개인화 등의 시대 흐름에 따라 직업 또한 영향을 받으면서 기계와 컴퓨터로 자동화될 수 있는 관련 직업 등은 대부분 사라질 직업으로 추정된다고 한다. 구글이 선정한 세계 최고의 미래학자로 꼽힌 토마스 프레이 Thomas Frey 다빈치 연구소 소장은 2015 제6회 세계전략포럼(WSF)에 참석해서 2030년엔 모든 것이 자동화되면서 노동집약적인 20억 개의 일자리가 사라지겠지만 그만큼 더 많은 새로운 일자리가 생겨날 것이라고 말했다. 21세기에 우리 모두가 직면한 도전은 수많은 일자리가 사라지고 새로운 일자리가 생긴다는 것이다. 결국 변화에 적응하지 못하면 살아남지 못한다는 사실을 명심하고 평생 학습을 통해 끊임없이 자신의 능력을 업그레이드해야 한다.

　　이런 변화의 시대에 직업의 의미는 무엇일까? 직업(職業, occupation)이란 '개인이 사회에서 생활을 영위하고 수입을 얻을 목적으로 한 가지 일에 종사하는 지속적인 경제 사회 활동'이다. 직업은 일정 기간'동안 계속적으로 보수가 있어야 하는 일이며, 윤리성과 사회성, 자율성 등의 요건을 갖추어야 한다. 직업은 경제적으로 가족 경제 생활을 영위하는 수단이고 사회적으로 사회의 발전에 기여하는 일이며, 심리적으로 자신의 욕구를 충족하고 자아 실현을 위한 수단이 된다는 의미가 있다. 주식 투자나 배당을 통해 수익을 얻는 일은 활동이 수반되지 않으므로 직업이 아니고 자원 봉사나 전업주부의 가사노동은 수입이 전제되지 않은 활동이므로 직업이 아니며, 강제 노역은 타의에 의한 활동이므로 직업이 아니고 도둑질은 법률을 위반하는 활동이므로 직업이 아니다. 직업은 수입(경제활동)을 위해 개인이 하고 있는 일을 형태에 따라 분류하는데, 한국표준직업분류는 국제표준직업분류(ILO)를 기초로 하며, 관리직 종사자, 전문가 및 관련 종사자, 사무 종사자, 서비스 종사자, 판매 종사자, 농림 어업 숙련 종사자, 기능원 및 관련 기능 종사자, 장치·기계 조작 및 조립 종사자, 단순 노무 종사자 등으로 나뉜다.

진로의 중요성이 부각되고 직업세계의 변화가 빨라지는 것에 비례해서 교사와 부모의 역할도 커지고 있다. 왜냐하면 많은 연구 결과들이 청소년의 진로 결정에 교사와 부모가 큰 영향을 끼친다고 보고하기 때문이다. 미국직업지도협회는 교사들에게 요구되는 역량을 다섯 가지로 제시했는데, 직업 세계에 관한 지식, 진로 상담에 관한 지식, 진로 발달과 의사 결정에 관한 지식, 특수 집단을 돕기 위한 상담 기법에 관한 지식, 진로 정보의 수집과 제공에 관한 지식 등이다.

이런 역량을 충분하게 갖춘 교사는 학생 개인의 특성에 대한 객관적인 분석과 직업 세계에 대한 충분한 이해, 합리적인 의사 결정을 통한 잠정적인 직업 선택, 선택된 직업에 입문하는데 가장 적합한 학과 선택을 도울 수 있다.

올바른 진로 설정을 통한 자녀의 행복한 삶을 돕기 위해서는 부모의 역할도 중요하다. 부모는 우리 자녀들이 살아 갈 미래 사회에 대한 이해를 토대로 일과 직업에 대해 자녀가 건전한 가치관을 갖도록 돕고 자녀의 특성을 다각도로 이해하기 위해 노력하며, 자녀가 성적이 아니라 자신의 특성에 맞는 진로, 정말 하고 싶고 잘 할 수 있는 진로를 선택할 수 있도록 도와줘야 한다. 그리고 다양한 직업 세계 탐색을 통해 직업에 관해 정확하고 풍부한 정보를 알 수 있도록 도와줘야 한다.

(사)유엔미래포럼의 박영숙 대표는 『2020 미래교육 보고서』에서 미래교육은 사회의 변화를 배우는 것에서 시작한다고 강조하면서 다음과 같이 말한다.

"우리는 이미 교육의 미래를 알고 있다. 평생 교육, 사이버 대학, 이동성 강화로 인한 다문화 교육, 긴밀한 산학 연계, 집단 지능, 적시 학습, 부모의 직장 스케줄에 맞춘 유연성 교육을 통한 스트레스 줄여주기, 영상 인터넷 게임 세대를 위한 교육 시스템의 변화, 엘리트주의가 아닌 창의성 기르기 등이다. 정보 지식 사회에서의 교육은 최대 변화를 겪는다. 인터넷 검색을 하며 시험 치는 시대가 왔다. 미래교육은 사회의 변화를 배우는 것이다. 미래사회의 변화를 배우는 것이 과외라 할 수 있다. 미리 알면 앞서갈 수 있기 때문이다. 미래사회의 변화에 대한 센스를 배우는 것이 미래사회의 경쟁력을 키우는 지름길이다. 창의성은 하늘에서 떨어지지 않는다. 반드시 나와 다른 사람들에게 배우고 모방하는 데서 나온다. 다문화 사회가 창의적이고 경쟁력이 있는 이유다. 나와 다른 사람들, 나와 다른 생각을 하는 사람들이 많기 때문이다. 현재 사고가 아닌 미래의 사고를 하는 나와 다른 사람들의 이야기를 듣는 것이 중요하다."

부모가 알고 있는 직업이 부모들이 주역이던 시대에 각광받던 수십 가지 직업이 전부라면 자녀에게 그런 직업을 강요할 가능성이 높아진다. 그러므로 다양한 정보에 늘 열려 있는 자세, 평생 학습하는 자세가 중요하다. 그리고 끊임없는 대화와 격려로 꿈에 맞는 진로를 선택하고 나아갈 수 있도록 도와줘야 한다.

성격유형, 흥미유형, 적성유형 분류표

성격유형(에니어그램 성격검사) 분류표

구분		유형별 특징	추천 직업
머리형 (이성형)	5번 머리형적 머리형 (아는 걸 좋아하는 똑순이)	'관찰자'라고 표현한다. 지식 탐구를 좋아하고 분석력과 통찰력이 뛰어나며, 혼자만의 시간과 공간을 중요시 한다. 장점은 분석적이고 객관적이며, 현명하고 끈기가 있다는 것이고 단점은 오만하고 고집이 세며, 지식을 나누기를 아까워한다는 것이다.	비즈니스 분야의 전략 기획실장, 경제 분석가, 연구원, 논설위원, 평론가, 건축 설계사, 학술기술 분야의 교수, 학자, 엔지니어, 컴퓨터시스템 분석가, 컴퓨터 프로그래머, 소프트웨어 및 시스템 개발자, 그래픽 디자이너, 영화감독, 바둑기사 등
	6번 가슴형적 머리형 (확인을 좋아하는 범생이)	'충성가'라고 표현한다. 폐쇄적이고 겁이 많으며, 책임감과 협동심이 강하고 안전을 추구하며, 짜여진 지침과 틀에 잘 적응하는 편이라 주위로부터 믿음직하다는 얘기를 많이 듣는다. 장점은 규범과 규칙에 충실하다는 것이고 단점은 지나치게 신중하고 자기방어가 심하다는 것이다.	금융 분야의 신용 조사원, 재정 상담가, 은행원, 은행감독관, 대출 담당자, 보안관공서 분야의 보험업체 종사자, 공무원, 장교, 경찰, 전문 분야의 감사, 약사, 회계 감사원, 기술 고문, 도서관 사서, 지질학자, 항공기 정비사, 데이터베이스 관리자 등
	7번 장형적 머리형 (즐거운 걸 좋아하는 덜렁이)	'낙천가'라고 표현한다. 명랑하고 아이디어가 넘치며, 쾌락과 재미를 추구하고 남다른 재능이 많아서 무언가에 도전하기를 좋아한다. 장점은 항상 남들을 즐겁게 해주고 자신감과 자주성이 강하다는 것이고 단점은 지나치게 자기도취적이고 충동적이며, 한 가지에 오래 집중하지 못한다는 것이다.	비즈니스 분야의 컨설턴트, 세일즈맨, 상품 기획자, 기업교육 전문가, 승무원, 파일럿, 마케팅 기획 분야의 홍보 전문가, 마케팅 컨설턴트, 광고기획자, 카피라이터, 전략기획자, 크리에이티브 분야의 언론인, 기자, 칼럼니스트, 리포터, 편집자, 연출가, 개그맨, 사회자, 만화가 등
가슴형 (감성형) 가슴형 (감성형)	2번 가슴형적 가슴형 (도움을 좋아하는 싹싹이)	'조력자'라고 표현한다. 매우 사교적이며 남을 도와주기 좋아하므로 다른 사람의 기분을 이해하고 잘 맞춰준다. 장점은 정이 많고 마음이 넓으며, 친절하고 세심하다는 것이고 단점은 남을 돌보느라 정작 자신의 문제는 보지 못한다는 것이다.	비즈니스 분야의 비서, 보좌관, 마케팅 조사원, 판매직, 고객 응대, 세일즈맨, 음식점 및 숙박업체 경영, 연예이벤트 분야의 연회 진행자, 미용사, 메이크업 전문가, 도우미, 사회봉사, 자선 사업가, 종교나 사회복지 기관 종사자 등

	3번 머리형적 가슴형 (성공을 원하는 이미지메이커)	'성취자'라고 표현한다. 야망이 있어서 역할이나 지위에 대해 주목받기를 원하므로 실용적이고 성공 중심적이다. 장점은 유능하고 어디서나 주목받으며, 판단력이 뛰어나다는 것이고 단점은 남을 쉽게 믿지 않고 자기도취에 빠지기 쉽다는 것이다.	비즈니스 분야의 마케팅 담당자, 세일즈 매니저, 경영 컨설턴트, 전문경영인, 투자 상담가, 주식 중개인, 증권 인수업자, 국제 금융인, 기업 재정 변호사, 정치 분야의 정치인, 대변인, 보좌관, 방송 연예 분야의 아나운서, 앵커, 리포터, 영화배우 등
	4번 장형적 가슴형 (독특한 걸 좋아하는 4차원)	'예술가'라고 표현한다. 자기중심적이고 독특한 것을 추구하며, 수줍음이 많고 감동적인 것을 추구한다. 장점은 따뜻하고 이해심이 많으며, 개성이 뚜렷하다는 것이고 단점은 사소한 일에도 쉽게 상처받고 우울해지며, 죄책감이 심하다는 것이다.	비즈니스 분야의 홍보 담당자, 상품 기획자, 디자이너, 동시통역사, 변호사, 예술체육 분야의 음악가, 화가, 시인, 가수, 무용가, 배우, 연예인, 영화 제작자, 프로 운동선수, 코치, 경호원, 상담교육 분야의 강사, 컨설턴트, 임상 심리학자, 언어 치료사, 정신건강 상담원 등
장형 (행동형)	8번 장형적 장형 (강한 걸 좋아하는 시한폭탄)	'지도자'라고 표현한다. 리더십이 강해서 권력과 승리를 추구하며, 자신이 옳다고 생각하는 것에 대해서는 모든 것을 걸고 싸울 준비가 되어 있고 자신의 힘을 발휘할 수 있는 위치에 올라가려고 노력한다.	비즈니스 분야의 신규사업 개척자, 벤처 사업가, 프랜차이즈 경영자, 기업 경영자, 국제 세일즈맨, 마케팅 담당자, 영업 및 판매 책임자, 투자가, 교육종교 분야의 사회교육 강사, 기업교육 강사, 부흥 목사, 종교 지도자, 혁명 지도자, 스포츠·예술 분야의 프로 운동선수, 코치, 트레이너, 감독, 가수, 연기자 등
	9번 가슴형적 장형 (통하는 걸 좋아하는 곰탱이)	'조정자'라고 표현한다. 안정과 평화를 추구하고 넓은 포용력을 가졌으며, 갈등이나 긴장을 피하고 편견 없이 냉정하게 생각하면서 다른 사람의 고민을 잘 들어주며, 어떤 상황에서도 불만을 표출하지 않고 언제나 만족감에 차 있다.	비즈니스 분야의 인사 담당자, 인력개발 전문가, 직업 소개자, 기업의 임원, 중간 관리자, 상담교육 서비스 분야의 약물중독 상담원, 고용지원 상담원, 사내 상담사, 복지 전문가, 서점 운영자, 채신 관련 담당자, 보건의료 분야의 식이 요법사, 언어치료사, 대체의학 의사 등
	1번 머리형적 장형 (완벽한 걸 좋아하는 깐깐이)	'완벽주의자'라고 표현한다. 자신의 이상을 실현하기 위해 노력을 아끼지 않는다. 장점은 매사에 완벽하고 끝맺음이 정확하며, 공정하고 정직하다는 것이고 단점은 세부사항에 지나치게 집착하고 너무 비판적이며, 독선적이고 강박적이라는 것이다.	비즈니스 분야의 세무사, 회계사, 감사, 공인회계사, 공보관, 기업 경영자, 창업주, 관리 분야의 현장 감독, 조세 감독관, 물류관리사, 품질관리사, 판사, 법률가, 교도관, 보호감찰관, 정치인, 사회운동가, 환경운동가 등

흥미유형(홀랜드 흥미검사) 분류표

구분	유형별 특징	추천 직업
현실형 (Realistic, 기술자)	기계와 도구, 동물에 관한 체계적인 조작활동을 좋아하고 사회적 기술이 부족하며, '순응적인, 솔직한, 정직한, 겸손한, 유물론적인, 꾸밈없이 순수한, 지구력 있는, 실용적인, 신중한, 수줍어 하는, 착실한, 검소한' 등의 단어에 잘 어울린다. 현장에서 직접 신체를 움직여서 하는 일, 눈에 보이는 결과가 나타나는 일, 자연이나 야외에서 하는 일을 좋아한다.	전기전자기술자, 엔지니어, 자동차수리공, 공학자, 방사선기술자, 배관공, 원예사, 조경사, 농장경영자, 목축업자, 산림감시원, 농업교사, 농민, 선원, 어부, 목수, 중장비 기사, 비파괴기사, 경찰관, 직업군인, 항공기조종사, 항공기정비사, 운동 코치, 프로 운동선수 등
탐구형 (Investigative, 과학자)	분석적이고 호기심이 많으며, 조직적이고 정확하지만 리더십 기술이 부족하며, '분석적인, 조심스러운, 비판적인, 호기심이 많은, 독립적인, 지적인, 내향적인, 방법론적인, 신중한, 정확한, 합리적인, 말수가 많은' 등의 단어에 잘 어울린다. 정보를 토대로 새로운 사실이나 이론을 밝혀내는 일, 복잡한 문제를 풀면서 성취감을 느낄 수 있는 일, 많은 자료와 현상을 분석하고 구조화해서 이론적 체계를 세우는 일을 좋아한다.	과학 분야 연구자, 물리학자, 화학자, 생물학자, 지질학자, 천문학자, 과학교사, 수학자, 통계학자, 사회과학 분야 종사자, 사회학자, 심리학자, 대학교수, 내과의사, 외과의사, 치과의사, 한의사, 수의사, 의료 기술자, 약제사, 연구개발 관리자 등
예술형 (Artistic, 음악미술가)	표현이 풍부하고 독창적이며, 비순응적이고 규범적인 기술이 부족하며, '세련된, 무질서한, 정서적인, 표현적인, 이상적인, 상상력이 풍부한, 실용적이지 못한, 충동적인, 독립적인, 직관적인, 비순응적인, 독창적인' 등의 단어에 잘 어울린다. 아이디어를 새로운 방식으로 표현하는 일, 어떤 사물이나 현상을 자신만의 독특한 방식으로 표현하는 일, 그리거나 만들거나 곡을 쓰거나 장식하는 등 예술적인 일을 좋아한다.	표현이 풍부하고 독창적이며, 비순응적이고 규범적인 기술이 부족하며, '세련된, 무질서한, 정서적인, 표현적인, 이상적인, 상상력이 풍부한, 실용적이지 못한, 충동적인, 독립적인, 직관적인, 비순응적인, 독창적인' 등의 단어에 잘 어울린다. 아이디어를 새로운 방식으로 표현하는 일, 어떤 사물이나 현상을 자신만의 독특한 방식으로 표현하는 일, 그리거나 만들거나 곡을 쓰거나 장식하는 등 예술적인 일을 좋아한다.
사회형 (Social, 교육상담가)	다른 사람과 함께 일하거나 남을 돕는 것을 즐기지만 도구와 기계를 포함하는 질서정연하고 조직적인 활동을 싫어하고 기계적이고 과학적인 능력이 부족하며, '설득력 있는, 협조적인, 우애가 있는, 관대한, 남을 도와주는, 이상적인, 통찰적인, 친절한, 책임감 있는, 사교적인, 재치 있는, 이해심 있는' 등의 단어에 잘 어울린다. 자신이 알고 있는 것을 다른 사람들에게 알려주는 일, 대화와 토론을 통해 문제를 해결하는 일, 열심히 한만큼 인정받는 일, 대가없이 봉사하는 일을 좋아한다.	초중고 교사, 상담교사, 진로진학교사, 청소년단체 지도자, 특수교육 교사, 보육교사, 유치원 선생님, 탁아소 육아 담당자, 방문 교사, 학원강사, 독서지도사, 학습코치, 입시 컨설턴트, 기업교육 강사, 평생교육 강사, 문화센터 강사, 레크레이션 강사, 사회사업가, 지역봉사단체 책임자, 결혼상담사, 간호사, 물리치료사, 심리치료사, 언어치료사, 의료보조원, 정신보건사업가, 성직자, 목사, 신부, 수녀, 스님, 대학교 취업보도과 직원, 학교 행정 담당자 등

진취형 (Enterprising, 정치경영자)	조직 목표나 경제적 목표를 달성하기 위해 타인을 조작하는 활동을 즐기지만 상징적이고 체계적인 활동을 싫어하고 과학적 능력이 부족하며, '모험적인, 야망이 있는, 관심을 받는, 지배적인, 정열적인, 충동적인, 낙관적인, 재미 추구적인, 인기 있는, 자기 확신적인, 사교적인, 말이 많은' 등의 단어에 잘 어울린다. 상황을 파악하고 문제점을 찾아내어 신속하게 해결하는 일, 업무 진행이 되게끔 조정하고 결단을 내리는 일, 조직이나 단체에서 책임지고 결정짓는 일을 좋아한다.	아나운서, MC, 토론 진행자, 방송국 PD, 영화감독, 축구 감독, 뮤지컬 감독, 변호사, 경매업자, 도매상인, 마케팅 책임자, 홍보 담당자, 판매 책임자, 해외 업무 담당자, 물품 구입 담당자, 인사부 책임자, 공장 관리 책임자, 레스토랑 매니저, 매장 관리자, 광고 대행업자, 부동산 중개인, 상공회의소 직원, 생명보험업자, 영업사원, 세일즈맨, 여행사 직원, 여행전문가, 항공기 승무원, 이벤트 전문가, 정치인, 국회의원, 지방자치단체장, 야구단장, 연극단장, 협회장, 중소기업 경영자, 자영업 사장 등
관습형 (Conventional, 경리사서)	체계적으로 자료를 잘 처리하고 기록을 정리하거나 자료를 재생산하는 것을 좋아하지만 심미적 활동은 피하며, '순응적인, 양심적인, 조심성 있는, 보수적인, 억제하는, 복종적인, 질서정연한, 지구력 있는, 실용적인, 자기 통제적인, 상상력이 없는, 능력 있는' 등의 단어에 잘 어울린다. 잘 짜여진 조직이나 틀 안에서 하는 일, 목표와 절차, 수단이 명확하게 제시되는 일, 업무 자체의 능률과 효율성이 뛰어난 일을 좋아한다.	공인회계사, 보험계리사, 은행원, 재무컨설턴트, 세무회계 감사원, 신용관리자, 상업교사, 총무와 경리, 도서관 사서, 출판사 편집자, 회사 비서, 사무직원, 문서작성인, 의료기록원, 원무과 직원, 인쇄업자, 제품 관리인, 급식 관리인, 매장 판매인, 계산원, 컴퓨터 프로그래머 등

적성유형(다중지능검사) 분류표

구분	유형별 특징	추천 직업
언어 지능	생각하면서 복잡한 의미를 표현하는 언어를 사용하는 능력이다. 언어 지능이 높은 사람은 말이나 글로 표현하는 활동을 잘 하고 책 읽기를 좋아해서 자주 읽으며, 한 번 읽은 내용을 잘 기억하는 편이다.	작가나 기자, 아나운서, 연설가, 출판 편집자, 카피라이터 등
음악 지능	음 높이와 음의 리듬, 음색 등에 대한 민감성을 보이는 능력이다. 음악을 듣고 표현하기를 좋아하고 음정과 박자의 차이를 잘 알 수 있으며, 다른 사람보다 빨리 악기를 배우는 편이다.	연주가나 음악 비평가, 작곡가, 콘서트 프로듀서, 음향기사, 작사가, 피아노 조율사 등
논리수학 지능	계산과 정량화가 가능하고 명제와 가설을 생각하면서 복잡한 수학적 기능을 수행하는 능력이다. 숫자와 친하고 숨겨진 의도나 규칙, 공통점을 잘 찾으며, 논리성을 요구하는 활동에 능숙하고 실험하기를 즐긴다.	수학자나 회계사, 세무사, 금융전문가, 보험상품 개발자, 통계 전문가, 컴퓨터 프로그래머 등
시각공간 지능	내외적 이미지의 지각, 재창조, 변형, 수정이 가능하도록 하고 자신이나 사물을 공간적으로 조정하며 그래픽 정보로 생산 또는 재해석이 가능하도록 하는 능력이다. 시각적 기억력이 뛰어나 눈썰미가 좋다는 말을 자주 듣고 머릿속의 이미지를 그림이나 영상으로 잘 표현하며, 공간을 지각하는 능력이 뛰어나서 평면도를 보고 머릿속에 입체화할 수 있으므로 지도만 보고도 길을 잘 찾는다.	디자이너나 화가, 애니메이터, 사진작가, 항해사, 지도 제작자, 인테리어 전문가, 건축설계사 등

신체운동 지능	대상을 잘 다루고 신체적 표현이나 신체적 기술을 잘 조절하는 능력이다. 자신이 아는 것을 몸으로 잘 표현하고 다른 사람의 몸짓이나 목소리를 잘 흉내내며, 운동 신경이 발달되었다는 말을 많이 듣고 주변 공간을 새롭게 꾸미는 것을 좋아한다.	배우나 레크레이션 지도자, 에어로빅 강사, 치어리더, 요가 전문가, 무용가, 외과의사, 엔지니어, 조종사, 카레이서, 자동차 정비사, 조각가, 운동선수, 심판 등
대인관계 지능	타인을 잘 이해하고 다른 사람과 효과적으로 상호 작용하는 능력이다. 상황을 이해하는 능력이 뛰어나고 타인의 감정을 잘 이해하므로 친구들 사이에서 인기가 많으며, 사람들 앞에서 공연이나 발표하는 것을 좋아하고 여러 사람의 마음을 움직여서 원하는 방향으로 이끄는 리더십이 있다.	교사나 정치가, 외교관, 공무원, 변호사, 경찰관, 사회복지사, 상담원, 판매원 등
자기 성찰 지능	자신에 대한 정확한 지각을 바탕으로 자신의 인생을 계획하고 조절하는데 필요한 지식을 사용할 수 있는 능력이다. 자기 내면의 세계가 확고해서 조용히 명상하거나 생각하는 시간을 즐기며, '왜?'라는 질문을 잘하고 혼자 힘으로 계획을 세우고 결정을 내릴 수 있으며, 자신의 신념을 지키기 위해 애쓴다.	철학자나 수도자, 소설가, 정신과의사, 범죄연구원, 심리치료사, 정신적 지도자 등
자연친화 지능	자연의 패턴을 관찰하고 대상을 정의하고 분류하며, 자연과 인공적인 체계를 이해하는 능력이다. 자연현상을 탐구하거나 감상하기를 좋아하고 별자리나 우주, 자연에 관심이 많으며, 농사짓기와 화분가꾸기, 동물기르기 등을 잘 하고 실험이나 견학, 여행을 좋아한다.	원예사나 정원사, 천문학자, 여행가, 수의사, 농부, 생태연구가, 환경운동가, 환경전문가, 기상예보관, 조련사, 사육사, 꽃꽂이 강사 등

제 **2** 장

진로 독서의 이해

전문가들이 말하는 진로 독서

독서 교육은 교과 독서와 교양 독서, 진로 독서, 인성 독서 등으로 구성된다. 교과 독서는 국영수사과 등의 교과 교육과 관련되는 내용의 독서를 말하고 교양 독서는 교과와 관련은 없지만 교양에 도움이 되는 내용의 독서를 말하며, 진로 독서는 성격과 흥미, 적성 등 진로 탐색을 위한 독서를 말하고 인성 독서는 예(禮), 효(孝), 정직, 책임, 존중, 배려, 소통, 협동 등 인성 요소를 함양하기 위한 독서를 말한다.

진로란 직업을 통해 나아가는 삶의 길로써 전 생애를 아우르는 개념이며, '물음표(?)를 느낌표(!)로 만들어 주는 것'이라고 했다. 진로 독서란 독서를 통해 진로를 탐색하는 활동을 의미한다. 진로 독서는 자신에 대한 이해, 세상에 대한 이해와 탐색, 사상과 가치관 발견, 경험과 사고력 확장, 직업과 학업 정보 습득, 비판 사고력과 학습 능력 향상 등 올바른 진로 선택과 결정에 효과적이므로 진로를 설정하고 나아가 인생을 설계하는데 가장 적절한 수단이다.

시골의사 박경철은 「0.9% 또는 99%」라는 주제의 강연에서 제레미 리프킨의 『소유의 종말』을 소개하면서 '세상은 0.1%의 창의적 인간과, 0.9%의 통찰적 인간, 99%의 잉여인간(유기체)로 구성된다'고 했다. 창의적 인간은 지금까지 보지도 듣지도 못했던 것을 보고 들을 수 있고 꿈꾸는 것을 꿈꾸며, 새로운 세상에 깃발을 꽂는 역할을 한다. 통찰적 인간은 창의적 인간이 꽂은 깃발의 가치를 알아보기 때문에 함께 성공한다. 잉여인간은 창의적 인간과 통찰적 인간이 만들어 놓은 계단을 하나씩 오르면서 '세상 참 좋아졌다'고 말하면서 아무 생각없이 즐긴다.

그는 20년 전에 있었던 충격적인 사건에 얽힌 에피소드를 밝히면서 'W(www, World Wide Web)에 대해 강의한 강연자는 창의적 인간이고 벤처 사업을 한 친구는 통찰적 인간이며, 시골의사로 남은 자신은 잉여인간이다. 역사, 정치, 경제, 문화 등 모든 분야에서 세상의 변화를 이끄는 사람은 1%의 창의적 인간과 통찰적 인간이라는 생각이 들면서 큰 종소리와 함께 깨달음을 얻었다. 0.1%의 창의적 인간은 유전적인 요인이 크기 때문에 타고나는 것이다. 하지만 통찰적 인간은 노력으로 가능하다'라고 강조했다.

'진로 독서'는 진로와 독서가 결합되어 생긴 새로운 분야라서 아직까지 이론적인 체계가 확실히 정립되지 않았다. 그런데 이 분야에도 시대를 앞서 새로운 세상에 깃발을 꽂은 창의적인 사람과 그 깃발의 가치를 알아본 통찰적인 사람이 있다. 지금부터 진로 독서 분야의 1% 전문가들을 한 명씩 만나면서 올바른 방향을 함께 찾아 보자.

『오늘 읽은 책이 바로 네 미래다』의 저자 임성미 씨는 진로 독서에 대해 다음과 같이 말한다.

"우리는 꿈을 이루기 위해서 자서전이나 성공기, 자기계발서 등을 통해 구체적인 방법을 배우는데, 꿈을 이룬 사람들은 자신이 가장 좋아하는 일을 찾아서 열정을 바쳤고 책을 좋아하며, 책의 내용을 자신의 삶에 적용시켰다는 공통점이 있다. 따라서 꿈을 이루기 위해 가장 먼저 해야 할 일은 자신이 좋아하는 일이 무엇인지, 어떤 일에 흥미를 갖고 있는지를 찾는 일이다. 관심 분야를 잘 모르겠다면 찾아 나서야 하는데, 이때 다양한 책들을 읽으면서 탐색해 볼 수 있다. 흥미란 시간이 가는 줄도 모르고 몰입하게 하는 그 무엇인데, 흥미를 비범성으로 발전시키기 위해 '책 읽기'가 중요하다. 어떤 분야에 대한 지식을 넓혀가는 데 있어 책만큼 쉽고도 유익한 매개체가 없기 때문이다. 독일의 대문호 마르틴 발저는 '사람은 그가 읽는 대로 만들어진다'는 말을 했다. 책을 재미있게 읽는 데서 그치지 않고 세상의 여러 문제와 관련지어 생각하며, 내 삶과 연결 지어 생각하는 과정에서 우리는 성장한다. 책을 읽는 것은 곧 나를 만들어가는 과정이다."

임성미 씨는 꿈이 없다면 책에서 가슴 뛰는 뭔가를 발견할 수도 있고 꿈이 있다면 그 꿈을 이루기 위해 책을 읽어야 한다고 강조하면서 '진로 독서의 5단계 로드맵'을 제시한다. 첫 번째, '책과 친해지기'다. 널리 알려지고 쉽게 읽을 수 있는 책과 독서로 성공적인 삶을 산 사람들에 관한 책, 비교적 쉽게 읽을 수 있으면서 감동적인 책을 읽으면서 점차 책에 흥미와 재미를 갖도록 한다. 두 번째, '책으로 내 적성 찾기'다. 책을 읽으면서 자신이 어떤 사람인지 탐색하는 것인데, 자신의 성격과 흥미, 적성 등을 탐색한 후에 진로적성검사를 받고 전문가로부터 상담을 받는 것이 좋다. 세 번째, '인생의 롤 모델 찾기'다. 인생의 롤 모델이 될 만한 사람을 통해 가치 있는 삶이란 어떤 삶이며, 자신은 어떤 자세로 삶을 살아갈 것인지 가치관을 세우는데, 가깝게 느껴지는 인물을 중심으로 책을 골라 읽으면서 자신의 진로에 비추어 그들에게서 지혜를 구할 수 있다. 네 번째, '배경 지식 키우기'다. 역사, 사회, 수학, 과학, 예술 등의 책을 읽음으로써 탄탄한 배경 지식을 기를 수 있는데, 배경 지식은 사고력의 기본 바탕이며 직업 수행 능력을 배양하는데 중요한 기초 능력이라고 할 수 있으므로 자신의 수준을 고려하여 수준별로 읽어나가고 교과 관련 필독서는 꼭 읽는 게 좋다. 다섯 번째, '직업 찾기 및 직업에 대한 지식 배우기'다. 자신에게 어울리는 직업을 탐색하고 그 직업에 대한 구체적인 정보를 얻을 수 있는 책을 읽거나 직업적으로 성공한 사람들의 성공담을 읽으면서 자신만의 진로를 설계해 볼 수 있다.

'진로 탐색을 위한 7단계 책 읽기 지도' 방법도 함께 알아두면 유용하다.

첫 번째, '동기 유발을 위한 읽기'다. 책 읽기로 꿈을 이룬 사람들의 실화를 소개하는데, 왜 책을 읽어야 하는지 모르는 학생들은 성공한 사람들이 어떻게 책을 통해 자신의 개성과 재능을 실현했는지 실제 이야기를 읽으면서 책읽기에 대한 긍정적인 생각과 호기심을 가지게 될 것이다. 유명 인사들이 말하는 독서에 대한 의견과 책이 내 삶에 미친 영향 등도 소개하면 좋다. 대표적인 인물로 오바바 미국 대통령, 해리포터 시리즈의 저자 조앤 롤링, 철강왕 앤드류 카네기, 세계적인 소아과 의사 벤 카슨, 애니메이션 감독 미야자키 하야오 등의 사례를 들 수 있다.

두 번째, '책 읽기를 해야 하는 이유'다. 책 읽기의 중요성을 알려주는 작업인데, 비보이가 되고 싶든 무용수가 되고 싶든 모든 길은 책으로 통한다는 것을 이해하는 과정이다. 자신이 좋아하는 흥미 분야를 진로와 연결시키려면 먼저 자신의 흥미를 찾아 보고 나만의 스타일을 찾은 다음 그것과 관련된 책을 찾는다. 그런 다음 같은 분야의 책을 여러 권 읽거나 그 분야에서 성공한 사람의 자서전을 읽고 직업에 대한 전문 지식이 담긴 책을 읽어 직업 정보를 얻는다. 마지막으로 관련 학과를 찾아보고 세부 진로 계획을 짜는데, 진학 시간까지 남은 시간을 역으로 계산하여 3년, 2년, 1년, 한달, 하루 식으로 세부 계획을 짠다. 어느 과목을 얼마나 향상시킬 것인지 바꿔야 할 학습 습관은 무엇인지 등을 알고 개선 방법을 구체적으로 짜는 것이다. 교과서와 별도로 독서 계획을 짜고 기타 동아리 활동과 자기계발 프로그램 참여, 봉사 활동 등 진로 선택에 도움이 되는 활동을 알아보고 구체적인 계획을 짜는 것도 좋다.

세 번째, '책을 읽는 전략 배우기'다. 책을 잘 읽는 전략과 이를 책 읽기에 적용하는 법을 배운다. 훑어 읽기, 예측하기, 상상하기를 비롯하여 질문하기, 내용 정리하기, 인물 탐색하기, 갈등과 쟁점 찾기, 메모하기, 분석하기, 내 삶과 연결시키기 등 다양한 독서 전략을 습득한다.

네 번째, '성격 탐색과 성격에 맞는 독서법'이다. 자신의 성격 유형을 알아 보고 각 유형에 해당하는 대표 인물들의 이야기를 통해 성격 유형별 독서법을 알아본다. 자신의 성격 유형을 알면 자신의 장점과 개성을 인정하고 자신을 더 사랑하게 되며 자신의 개성에 맞는 진로를 찾는 데 도움이 된다. 나아가 성격 유형에 맞는 독서법을 알게 되면서 즐겁고 효과적으로 독서를 할 수 있다.

다섯 번째, '책으로 탐색해 보는 문과형, 이과형'이다. 문과와 이과 선택은 향후 대학 전공과 취업 분야에 영향을 끼친다. 자신이 어디에 더 맞는지 알아보고 문과형 독서법과 이과형 독서법은 물론 각 계열별 추천 도서를 찾아 읽을 수 있다(2018년부터는 문이과 통합 교육과정 시행).

여섯 번째, '직업 유형 탐색을 위한 책 읽기'다. 자신의 개성과 흥미, 능력을 탐색해 보고 그것을 도와주는 책들을 알아본다. 그리고 자신에게 맞는 직업 유형을 찾기 위한 직업 흥미 체크 리스트를 통해 직업 유형을 알아본다. 그리고 여섯 가지 직업 유형에 대한 이해와 구체적인 직업을 알아보고 유형별로 모델링이 되어줄만 한 책들을 찾아 읽을 수 있다.

일곱 번째, '기대 효과'다. 자신의 미래에 대한 고민을 풀어놓고 진지하게 진로를 탐색해 보는 기회를 가짐으로써 분명한 목표 의식을 가지고 생활할 수 있게 될 것이다. 꿈을 이루기 위해서는 독서가 중요하다는 것을 깨달음으로써 독서에 대한 강한 동기의식을 가지게 될 것이다. 진로탐색검사를 통해 자신의 개성과 장점을 인식하고 진로 방향을 탐색해 봄으로써 자기 미래를 긍정적으로 바라보고 자신감을 갖게 할 수 있을 것이다. 진로 탐색에 도움이 되는 적절한 책을 읽고 자기 삶의 비전을 설계해봄으로써 진로를 더 구체화시킬 수 있고 이를 이루기 위해 무엇을 노력해야 할 것인지 그 실천 방법을

독서를 통한 진로와 인성 교육 - 진로 독서, 인성 독서

모색하게 될 것이다.

임성미 씨는 『내 꿈을 열어 주는 진로 독서』에서 다음과 같은 진로 독서의 예를 들고 있다. 1장에서는 '나는 어떤 사람이 되고 싶은 걸까?—책 속에서 나 찾기'를 주제로 자신의 가치관을 알기 위한 『친구가 되어 주실래요』 이태석, 자신이 어떤 사람인지 알기 위한 『당나귀는 당나귀답게』 아지즈 네신, 공부하는 이유를 찾기 위한 『남쪽으로 튀어!』 오쿠다 히데오, 미래의 모습을 그리기 위한 『코코 샤넬』 앙리 지델, 삶의 재미를 찾기 위한 『사람이 주인이라고 누가 그래요?』 이영문 등의 책을 소개한다. 2장에서는 '나는 무엇을 좋아하고 잘할 수 있을까? — 책에서 나의 강점 발견하기'를 주제로 직업을 찾기 위해 던져야 하는 여섯 가지 질문을 담은 『가슴 뛰는 삶의 이력서로 다시 써라』 요안나 슈테판스카, 자신의 성격 유형에 어울리는 직업을 찾기 위한 『어린 왕자』 생텍쥐페리, 『바람을 길들인 풍차 소년』 윌리엄 캄쾀바, 자신의 흥미유형에 어울리는 직업을 찾기 위한 『행복한 청소부』 모니카 페트, 『작은 실천이 세상을 바꾼다』 대니 서, 자신의 적성 유형에 어울리는 직업을 찾기 위한 『모모』 미하엘 엔데, 『성장』 러셀 베이커 등의 책을 소개한다. 3장에서는 '나는 무슨 준비를 해야 할까? — 책에서 배우는 삶의 기초 능력'을 주제로 무한한 잠재성을 일깨우기 위한 『갈매기의 꿈』 리처드 바크, 의사소통 능력 향상을 위한 『인권 변호사 조영래』 박상률, 유머 감각을 키우기 위한 『처절한 정원』 미셸 깽, 일하는 보람과 가치를 깨닫기 위한 『장기려, 우리 곁에 살다 간성자』김은식, 긍정적인 자신감을 키우기 위한 『세상을 바꾼 용기 있는 아이들』제인 베델, 문제해결 능력을 키우기 위한 『가난한 사람들을 위한 은행가』무하마드 유누스, 창조성을 키우기 위한 『행복한 사람, 타샤 튜더』타샤 튜더, 공감능력 향상을 위한 『단순한 기쁨』피에르 신부, 창의성과 전문성을 키우기 위한 『땅콩 박사』로렌스 엘리엇 등의 책을 소개한다. 4장에서는 '내게 더 필요한 것은 무엇일까? - 인성을 가꾸는 책 읽기'를 주제로 인성 독서 관련 책들을 소개한다.

『국어샘과 진로샘이 함께 만든 진로 독서』를 쓴 일곱 명의 현직 중고등학교 선생님들은 진로 독서에 대해 다음과 같이 말한다.

"청소년기에는 자신의 적성과 흥미, 능력, 신체적 특성, 가치관 등에 대해 알아 보고 미래에 선택할 직업에 필요한 의식, 기능, 태도 등 일과 관련한 자질에 대해 탐색할 필요가 있다. 이러한 활동을 진로 탐색이라고 하는데, 청소년기의 진로 탐색에는 단순히 자신에게 알맞은 직업을 찾는다는 것 이상의 의미가 있다. 진로란 한 개인이 인간답게 살아가기 위해 하는 일과 삶 전체라고 할 수 있기에 진로 탐색은 보람 있는 삶을 위한 설계라고 할 수 있다. 청소년들은 자신을 발견하고 미래를 꿈꾸며 현실의 어려움을 헤쳐나갈 지혜가 필요한데, 이런 과정에서 독서가 무엇보다 좋은 친구가 될 것이다. 책에서 만나는 주인공이 선택한 직업과 삶의 여정이 자신의 성격 유형이나 가치관과 얼마나 비슷한지, 그러한 인물이 어떻게 역경을 이겨내는지 따라가다 보면 진로 탐색에 도움이 될 뿐만 아니라 삶을 살아가는데 큰 위안과 용기를 얻을 수 있을 것이다. 책은 나와 세상을 비추는 우물이므로 깊고 시원한 책 우물에서 내일의 꿈을 힘차게 길어 올리길 바란다."

이 책은 청소년 개인의 성격 유형이나 행동 양식이 직업 선택에 중요한 영향을 미친다고 본 미국의 진로심리학자 홀랜드의 이론에 따른 여섯 가지 직업 흥미 유형(현실형, 탐구형, 예술형, 사회형, 진취형, 관습형)을 기준으로 구성했다. 자신의 흥미 유형에 맞는 독서를 통해 진로를 탐색할 수 있도록 도와주는 진로 독서 가이드인 셈이다. 직업 흥미 유형과 가장 관련이 깊다고 여겨지는 직업을 세 가지씩 제시하고 독서 지도를 전문적으로 연구해 온 국어 선생님들이 진로 탐색에 도움이 되는 책 열여덟 권을 엄선해 직업 읽어보고 활동할 수 있도록 책의 일부를 수록하고 학습 활동도 제시했다. 또한 진로 지도 선생님들은 청소년들이 선택하게 될 직업의 세계를 자세히 안내하고 진로와 관련된 학생들의 다양한 궁금증에 대해 실질적인 답변을 마련했다. 즉, 이 책은 단순히 진로와 관련된 책을 소개하는 안내서가 아니라, 자신의 직업 흥미 유형에 따라 직접 독서를 하고 진로에 대해 고민해 볼 수 있게끔 한 '맞춤형 독서 프로그램'이다.

'현실형'의 대표적인 직업으로 제빵사와 야구 선수, 농부를 제시하고 『내일은 바게트』 이은용, 『홈으로 슬라이딩』 도리 힐레스타드 버틀러, 『열

네 살 농부 되어보기』이완주 등 세 권의 책을 추천했다. '탐구형'의 대표적인 직업으로 고고학자와 물리학자, 적정기술자를 제시하고 『고고학자 손보기』김향금, 『리처드 파인만』태기수, 『소녀, 적정기술을 탐하다』조승연 등 세 권의 책을 소개했다. '예술형'의 대표적인 직업으로 광고 디렉터와 미용사, 가수를 제시하고 『광고천재 이제석』이제석, 『열네 살의 인턴십』마리 오드 뮈라이유, 『길거리 가수 새미』찰스 키핑 등 세 권의 책을 추천했다. '사회형'의 대표적인 직업으로 교사와 간호사, 사회복지사를 제시하고 『불량소년의 꿈』요시이에 히로유키, 『미스터 나이팅게일』문광기, 『하루를 살아도 나는 사회복지사다』도래샘 등 세 권의 책을 소개했다. '진취형'의 대표적인 직업으로 경영인과 정치인, PD를 제시하고 『잡스사용법』한미화, 『평화를 꿈꾼 인권운동가 마틴 루터 킹』권태선, 『확장하는 PD와의 대화』홍경수 등 세 권의 책을 추천했다. '관습형'의 대표적인 직업으로 기술자와 은행가, 법조인을 제시하고 『행복한 고집쟁이들』박종인, 『가난한 사람들을 위한 은행가』무하마드 유누스, 『아니야, 우리가 미안하다』천종호 등 세 권의 책을 소개했다.

　　『꿈에 날개를 달아주는 진로 독서』를 쓴 전국학교도서관담당교사 경남 모임 선생님들은 진로 독서에 대해 다음과 같이 말한다.

　　"진로 교육은 독서 교육과 더불어 이루어질 때 옹골찬 가치를 발할 수 있다. 독서를 바탕으로 탄탄하게 쌓아 올린 진로 교육이야말로 학생 개개인에게 든든한 주춧돌이 될 수 있다. 그리고 진로를 계획하고 개척하기 전 단계인 자기 이해나 진로 탐색 과정이 충분히 교육과정 속에서 아이들에게 제공되는 것이 중요하다. 당장 좋은 성적을 받지 못하거나 잘하는 것과 원하는 진로가 하나되는 통로를 찾지 못하고 있더라도 책 속에서 자신의 꿈을 발견하는 아이들이 많이많이 생기길 바란다."

이 책은 진로 독서 과정을 '자기 이해, 진로 계획, 진로 탐색, 진로 체험' 등 4단계로 소개한다. 자기 이해 과정 여덟 가지, 진로 계획 과정 세 가지, 진로 탐색 과정 아홉 가지, 진로 체험 과정 세 가지 등 총 스물세 가지의 진로 독서 과정으로, 초등학생부터 고등학생까지 적용이 가능하지만 초등 수준에 적합한 내용들이다. 특히 현장에서 학생들과 함께 했던 학습 활동과 생생한 체험들로 구성되어 있어 쉽게 적용해 볼 수 있다.

1단계 '자기 이해'에서는 자신의 가치를 사랑하기 위한 『프레드릭』레오 리오니, 자신이 좋아하는 것을 알기 위한 『내가 좋아하는 것』민느, 소중한 나를 찾기 위한 『너는 특별하단다』맥스 루케이도, 긍정적인 미래의 나를 만들기 위한 『세상에서 제일 잘난 나』김정신, 진정한 자신과 만나기 위한 『눈꽃나무』원유순, 동화책의 주인공이 되어보기 위한 『뽀스락 왕자』송언, 어떤 삶을 살지 알기 위한 『마당을 나온 암탉』황선미, 소원을 들어주는 팔찌를 만들기 위한 『내 꿈은 기적』수지 모건스턴 등의 책을 소개한다.

2단계 '진로 계획'에서는 자신만의 꿈 캐릭터를 만들기 위한 『존 아저씨의 꿈의 목록』 존 고다드, 자신의 미래를 그려보기 위한 『내일의 나를 부탁해』 송영선, 꿈 가꾸기 계약서를 만들기 위한 『나는 꿈 같은 거 없는데』 김이연 등의 책을 소개한다.

3단계 '진로 탐색'에서는 뭐가 되고 싶은지 알기 위한 『도대체 넌 뭐가 될거니?』 황선미, 디자이너가 되어보기 위한 『내가 만든 옷 어때?』 곰곰, 뮤지컬의 주인공이 되어보기 위한 『뮤지컬 배우가 될 테야』 이유미, 식물학자에 대해 알아보기 위한 『나의 를리외르 아저씨』 이세 히데코, 직업 세계를 여행하기 위한 『직업 옆에 직업 옆에 직업』 파트리시아 올, 행복한 사람이 되기 위한 『관을 짜는 아이』 한정영, 진로 멘토를 찾기 위한 『나는 어떤 어른이 될까요?』 한경심, 직업 속에 숨겨진 가치를 찾기 위한 『행복한 청소부』 모니카 페트, 새로운 직업을 만들어보기 위한 『그래서 이런 직업이 생겼대요』 우리누리 등의 책을 소개한다.

4단계 '진로 체험'에서는 그림책 작가를 만나 보기 위한 『아씨방 일곱 동무』 이영경, 직업 속으로 들어가 보기 위한 『십대를 위한 직업 콘서트』 이랑을 추천하고 한국십진분류법(KDC)을 이해하기 위한 진로 체험 추적 놀이를 소개한다.

『진로 독서 가이드북』과 『진로 독서 워크북』을 쓴 (사)전국독서
새물결모임 선생님들은 진로 독서에 대해 다음과 같이 말한다.

　　"직업은 자아를 실현하는 한 방편이고 일을 통한 성취감과 만
족감을 얻을 수 있으며, 행복한 삶을 추구하는데 큰 영향을 미친다.
따라서 진로를 선택하는 일은 한 사람의 삶의 방향과 질을 결정하는
중요한 일이라고 할 수 있다. 그런데 현대 사회의 급격한 변화에 따
라 직업의 세계는 다양화되고 전문화되어 개인의 진로 선택과 결정
은 점점 더 어려워지고 있다. 자신의 적성을 구체적으로 발현시키고
다양한 진로 탐색의 기회를 얻기 위해서는 여러 분야의 책을 폭넓게
읽고 책을 통해 세상에 대한 이해와 탐색의 시간을 충분히 갖는 것이
필요하다. 책 속에 담긴 사상과 가치관을 발견하고 책 속에서 여러
정보를 얻음으로써 자신의 경험과 사고력을 확장하여 진로를 개척해
나갈 수 있는 능력을 기를 수 있기 때문이다. 따라서 독서는 삶을 설
계하는 데 있어 자신에 대한 이해와 직업 선택 기회의 폭을 넓히는 데
가장 적절한 수단이 된다고 할 수 있다. 진로와 관련된 독서를 통해
자신에 대한 이해를 돕고 직업 세계 및 학업에 대한 정보를 제공하여
올바른 직업 선택에 도움을 줄 수 있는 방법으로써 독서를 활용한다
면 진로 발달 향상에 효과가 클 것이다."

　　『진로 독서 가이드북』은 각급 학교 학생들의 수준에 맞는 다양
한 도서를 선정하여 진로와 관련된 정보를 제공하고 토론이나 논술

등 여러 활동을 할 수 있도록 안내하고 있다. 가이드북에서 안내한 다양한 책을 읽고 여러 가지 활동을 함으로써 올바른 직업 태도 및 가치관을 함양할 수 있으며, 직접 체험해 보지 못한 다양한 직업 세계를 간접 경험하고 직업 세계에 관한 많은 정보를 얻을 수 있다. 그리고 자신의 적성과 능력에 맞는 직업을 바르게 선택할 수 있는 안목을 기를 수 있어서 개인의 진로 선택과 결정에 꼭 필요한 안내서가 될 것이다.『진로 독서 워크북』은 초등 10개, 중등 9개의 주요 직업군을 선정하고 직업군별 대상 도서를 선정하여 진로 독서 활동을 전개할 수 있도록 구성했다. 특히 이야기식 독서 토론 진행방식을 원용하여 1단계는 배경 지식에 관한 발문을, 2단계는 책 속에서 독후 활동을 겸한 진로 찾기 발문을, 3단계에서는 책밖에서 진로 찾기 발문을 순서대로 수록했다. 각 직업군별로 세 권의 진로 독서를 통한 진로 찾기를 끝내면, 마지막 단계는 인터뷰와 현장 체험 등의 진로 탐색 활동을 체험해 볼 수 있도록 개발했다.

『진로 독서 워크북』 중등의 제1장 '인간적인 흥미'에서는 교수에 대해서 알아보는『모리와 함께한 화요일』미치 앨봄,『송인섭 교수의 공부는 전략이다』송인섭,『EBS 다큐멘터리 최고의 교수』제작팀 등 세 권의 책과 의사에 대해서 알아보는『궁금해요! 의사가 사는 세상』서홍관,『나는 의사다』셔윈 B,『인턴일기』홍순범 등 세 권의 책을 추천한다. 제2장 '사회적 흥미'에서는 경찰관에 대해서 알아보는『노빈손, 경찰특공대에 가다』 강산들, 『레미제라블』 빅토르 위고, 『경찰관으로 성공하는 길』 김석돈 등 세 권의 책과 군인에 대해서 알아보는 『웨스트포인트처럼 하라』 프레스턴 피시, 『아름다운 영웅 김영옥』 한우성, 『내 꿈은 군대에서 시작되었다』 엄홍길 외 등 세 권의 책을 소개한다. 제3장 '자연적 흥미'에서는 동물학자에 대해서 알아보는 『과학자의 서재』 최재천, 『아름답고 슬픈 야생동물 이야기』 어니스트 톰슨, 『자연은 위대한 스승이다』 이인식 등 세 권의 책과 생명과학자에 대해서 알아보는 『한눈에 쏙! 생물지도』 김응빈, 『권오길의 괴짜 생물 이야기』 권오길, 『하리하라의 바이오 사이언스』 이은희 등 세 권의 책과 요리사에 대해서 알아보는 『셰프의 탄생』 마이클 룰먼, 『음식연구가 황혜성』 안혜령, 『대가의 식탁을 탐하다』 박은주 등 세 권의 책을 추천한다. 제4장 '예술적 흥미'에서는 가수에 대해서 알아보는 『국제가수 싸이는 게릴라다』 윤문원, 『나도 가수다』 이동훈, 『가수를 꿈꾸는 네가 알아야 할 모든 것』 내가네트워크 등 세 권의 책을 소개한다. 제5장 '국제적 흥미'에서는 호텔리어에 대해서 알아보는 『호텔리어 로랑의 시선』 구유회, 『성적은 짧고 직업은 길다』 탁석산, 『터키의 매혹』 이태원 등 세 권의 책을 추천한다.

바람직한 진로 교육은 지도하는 사람이 중심이 되는 것이 아니라 미래 사회를 준비하는 학생들이 주축이 되어야 한다. 따라서 자기주도적인 독서 활동을 통해서 미래에 필요한 가치관을 체득하고 필요한 정보를 수집하며, 자신의 진로에 필요한 역량을 능동적으로 개발해야 한다. 이런 관점에서 위에 소개한 다양한 전문가들의 진로 독서 가이드는 충분한 가치가 있다고 할 것이다.

직업 가치관의 이해 :
내 꿈을 열어주는 진로 독서

가치관이란 '삶에서 무엇을 가장 중요하게 생각하는가?'를 의미하며, 자기 자신을 비롯해서 세상 여러 일들과 사상에 대해 갖고 있는 생각이나 태도를 말한다. 사람은 무엇을 선택할 때 대개 자신의 가치관에 따르는데, 직업을 탐색하는 과정에서도 가치관을 이해하는 것이 매우 중요하다.

임성미 씨가 쓴 『내 꿈을 열어주는 진로 독서』에는 자신의 가치관을 알아보는 구체적인 방법이 나와 있다. 우선 가치관과 관련된 책으로 이태석 신부의 『친구가 되어 주실래요?』를 소개하는데, 전쟁의 상처와 아픔, 처절한 가난이 있는 곳, 세상 어느 누구도 거들떠보지 않는 소외받는 곳에서 그들의 친구가 되어준 이태석 신부의 스토리를 요약해서 설명한다. 그리고 그가 이런 삶을 살게 된 이유는 어려서부터 형성된 가치관 때문이었다고 말한다.

자신의 가치관을 알아보려면 먼저 가족과 친구, 교육, 동물,

음악, 환경, 문화, 예술, 스포츠 등 다양한 관심사들 가운데 자신이 소중히 여기는 것이 무엇인지 살펴본다. 그리고 자신이 존경하는 인물의 특성을 통해 가치관을 탐색할 수도 있다. 예를 들어 박지성 선수를 존경한다면 그의 어떤 면을 닮고 싶은지 생각해 보는 것이다. 겉으로 봐서는 놀라운 능력을 닮고 싶은 것 같지만 좀 더 깊이 생각해 보면 강한 정신력과 끊임없는 노력, 동료를 배려하는 마음 등을 닮고 싶어한다는 것을 알게 된다. 또한 자신의 미래 모습을 상상하면서 가치관을 탐색할 수도 있다. 예를 들어 10년 혹은 20년 후에 자신이 신문이나 방송에 나왔다고 상상해 보고 어떤 가치있는 일을 해서 사회적 명성을 얻었는지 상상해서 기사를 작성해 보는 것이다. 아니면 자신이 70대라고 상상하고 후배들 앞에서 공로상을 받는다면 어떤 문구가 상장에 들어갈지 떠올려 보는 것도 좋은 방법이다.

1961년 미국의 에드거 샤인 박사는 MIT 경영대학원생들을 14년 동안 추적 조사했는데, 어떤 직업에서 성공한 사람은 자신의 직업 가치관에 맞게 경력을 개발했다는 것을 알아냈다. 그는 직업 가치관을 여섯 가지 유형으로 분류했는데, '전문성 추구형, 리더십 추구형, 자율성 추구형, 안전성 추구형, 경제력 추구형, 봉사 추구형' 등이다.

다음의 체크 리스트를 통해 직업에 대한 가치관을 탐색해 보면 자신에게 어울리는 직업을 발견하게 될 것이다. 20개의 항목 중에서 자신이 가장 선호하는 가치 기준을 세 가지 고른 다음에 그 가치를 실현할 수 있는 직업이 무엇일지 생각해 본다.

1. 남들에게 도움이 되고 봉사와 나눔을 실천할 수 있는 직업이 좋다.
2. 오랫동안 안정되게 일할 수 있어야 한다.
3. 노동에 대한 대가로 충분한 경제적 보상을 받아야 한다.
4. 창의성을 발휘할 수 있는 환경이어야 한다.
5. 사회적인 명예와 권위가 있어야 한다.
6. 스스로 일을 선택하고 결정할 수 있도록 자율성이 보장되어야 한다.
7. 사회의 개혁을 위해 도움이 되는 일이어야 한다.
8. 변화가 있고 다양한 일을 경험하는 환경이어야 한다.
9. 사람들과 어울려서 활동하며 좋은 관계를 가질 수 있어야 한다.
10. 장래성이 있고 성취감을 느낄 수 있는 환경이어야 한다.
11. 경제적으로 부를 많이 축적할 수 있어야 한다.
12. 위험을 동반한 새롭고 흥분되는 일이 좋다.
13. 소속감을 갖고 집단의 일부가 되면 좋다.
14. 예술적인 활동을 통해 정신적인 만족을 얻어야 한다.
15. 오직 한 가지 일에 전념할 수 있는 환경이어야 한다.
16. 목표를 성취했을 때, 인정이나 경제적 보상이 따라야 좋다.
17. 자신이 중요한 사람임을 느끼고 서로 그 느낌을 주고받아야 한다.
18. 자신만의 시간과 공간을 갖고 주로 혼자 일하는 것이 좋다.
19. 타인에게 직접 지시하거나 정책 결정에 영향을 미치는 일이 좋다.
20. 깔끔하고 조직적이며 잘 계획된 일을 하는 것이 좋다.

가치관에 따른 추천 직업은 다음과 같다. 1번은 의료직, 사회복지사, 종교인, 교육자 등, 2번은 국가공무원, 전문직 등, 3번은 회사 임원, 대부분의 영업직 등, 4번은 방송 제작자, 패션 광고 회사, 디자이너 등, 5번은 판사, 교수, 정치인 등, 6번은 사업가, 영업직, 예술가 등, 7번은 시민운동 단체, 정치인, 국회의원 보좌관, 법률가 등, 8번은 기자, 여행가, 컨설턴트, 소프트웨어 개발자, 광고홍보 전문가, 메이크업 아티스트 등, 9번은 대부분의 회사원이나 직장인 등, 10번은 사업가, 예술가 등, 11번은 기업 임원, CEO, 금융 관리자, 고위공무원 등, 12번은 소방관, 오지 탐험가, 모험 스포츠인 등, 13번은 군인, 경찰 공무원 등, 14번은 예술가, 전시 기획자, 출판 기획자 등, 15번은 예술가, 엔지니어 등, 16번은 프로 스포츠 선수, 전문 영업직, M&A 전문가 등, 17번은 종교인, 상담가 등, 18번은 예술가, 번역가, 정비사, 작가, 조경 기술자 등, 19번은 회사 고위직, 자영업, 정치인 등, 20번은 종교 단체, 호텔리어, 항공기 승무원 등이다.

예를 들어 8번의 변화가 있고 다양한 일을 경험하는 환경이 좋다면 기자가 잘 어울리는 직업일 것이다. 기자는 매일 새로운 사건을 통해 수많은 사람을 만나서 취재하기 때문이다. 하지만 의사나 사업가도 늘 새로운 사람을 만나고 다양한 경험을 한다. 그리고 기자나 의사는 때에 따라 12번의 위험을 동반한 새롭고 흥분된 일을 하기도 하고(전쟁 특파원), 13번의 소속감을 갖고 집단의 일부가 되기를 바라기도 한다(종합병원 의사). 따라서 자신이 고른 세 가지 항목에 어울리는 직업을 최대한 많이 찾아본 후에 그 중에서 가장 흥미와 관심이 있는 직업을 찾으면 된다.

가치관과 관련된 활동으로는 '직업 가치관 경매 게임'이 있다. 우선 1~20번까지의 질문 옆에 우선 순위와 배정 금액, 최고 낙찰액과 가져간 사람 등 세 가지 항목을 정해둔다. 각자가 갖고 있는 모조화폐 100만 원을 갖고 직업 가치들을 경매에 붙여 판다고 했을 때 나의 예산액을 적어 보고 최대 얼마까지 투자할 수 있는지 나의 최고액을 적어본다. 그리고 친구들과 함께 5만 원 단위로 경매를 해서 가장 높은 금액을 제시한 친구가 해당 직업의 가치관을 가져가도록 한다. 직업 가치관 경매 게임은 진로 관련 활동 중에서 가장 쉽고 간단하면서도 아이들이 재미있어 하므로 강력 추천한다.

뮤지컬 배우에 대해 알아보기 :
꿈에 날개를 달아주는 진로 독서

    21세기의 시작과 함께 세계적인 한류 열풍의 영향으로 문화 콘텐츠 산업이 급속도로 발전하면서 가수나 배우, 방송인을 꿈꾸는 학생들이 크게 늘어나고 있다. 전국학교도서관담당교사 경남 모임에서 출간한『꿈에 날개를 달아주는 진로 독서』에는 뮤지컬 배우에 대해 알아보는 구체적인 방법이 나와 있다.

    우선 관련 책으로 이유미 작가의『뮤지컬 배우가 될 테야』를 간단하게 소개하는데, 뮤지컬 배우가 되는 과정을 알기 쉽게 표현하면서 화려한 모습 뒤에 가려진 힘든 일도 함께 설명하고 있어서 꿈을 이루기 위해서는 수많은 노력과 끈기가 있어야 한다는 것을 일깨워 준다. 즉, 한 편의 뮤지컬을 완성하기 위해서는 수많은 사람들의 보이지 않는 노력이 필요하다는 것을 자연스레 알게 된다.

    이어서 진로 탐색을 위한 활동의 개요를 설명한다. 뮤지컬이란 어떤 것인지를 이해하고 뮤지컬 공연에 참여하는 여러 가지 직업을 살펴보면서 관련 책도 함께 읽어 본다. 아이들이 직접 뮤지컬의 주인공이 되어 보고 공연에 필요한 여러 가지 역할을 맡아서 한 편의 뮤지컬 공연을 완성한다. 이를 통해 다양한 직업의 세계를 이해하고 직업을 갖기 위해 준비해야 하는 과정을 직접 체험해 보는 기회를 제공한다.

첫 번째, 뮤지컬을 본 경험을 나눈다. 이때 진로 수업을 위한 노래 자료와 뮤지컬에 필요한 소품을 미리 준비해 두는 것이 좋다. 이해를 돕기 위해『책 먹는 여우』를 각색한 뮤지컬 공연의 한 장면을 제시하고 대사와 연기, 노래와 춤으로 표현되는 장면을 통해 책 속의 내용이 새롭게 다가오는 걸 느끼게 한다. 뮤지컬 공연 사진과 동영상을 보여주거나 감상한 경험을 서로 이야기하면서 뮤지컬에 관심을 갖도록 한다.

두 번째, 뮤지컬 관련 직업을 탐색한다. 『뮤지컬 배우가 될테야』의 주인공 한무대에 관한 이야기를 나누면서 뮤지컬이란 무엇인지, 뮤지컬 공연에 나온 직업에는 어떤 것이 있는지에 대해 알아보고 책을 읽고 나서 무엇을 느꼈는지도 살펴본다. 예를 들어 아이들은 '뮤지컬이란 노래와 춤, 연기가 모두 합해서 만들어진 공연이에요', '뮤지컬 공연에는 배우와 연출자, 무대 디자이너, 의상 제작자, 안무가 등의 직업이 있어요', '뮤지컬 배우가 되는 게 무척이나 힘들 것 같아요' 등의 답변을 한다.

세 번째, 뮤지컬을 구상해 본다. 뮤지컬은 이야기(극본)와 음악, 춤으로 구성된다는 것을 이해하고 교실에서는 환경적인 제한으로 정식으로 뮤지컬을 구성하기가 어려우므로 간단하게 약식으로 꾸며 본다. 예를 들어 화이트의 『네모의 꿈』은 아이들이 이해하기 쉬운 메시지가 담겨 있고 동작을 준비하고 꾸미기에 적합하므로 뮤지컬 음악으로 선정한다. 노래 가사를 나눠주고 노래를 듣고 불러보면서 익히는 시간을 충분히 갖는다. 어려운 가사는 사전을 찾아보거나 설명해주어 내용을 공감할 수 있게 도와준다.

네 번째, 뮤지컬과 관련된 직업 활동을 역할별로 나눈다. 연출자(무대 역할 정하기, 각 장면에 맞게 연습시키기), 무대 디자이너(장면에 어울리는 무대 꾸미기), 안무가(4분의 4박자 노래에 맞춰 율동 만들기, 가사에 어울리는 율동 만들기), 소품(지구본, 신문지, 책상, 책가방, 텔레비전 등 노래 속 장면에 나오는 물건 준비하기), 의상 제작자(각자 어울리는 의상 입고 오기), 음향 제작자(화이트의 「네모의 꿈」노래 준비하기), 공연 기획자(전반적인 공연을 기획하기) 등이다.

다섯 번째, 뮤지컬을 준비하고 연습한다. 주제에 맞게 부분별로 나눈 노래 가사를 각 모둠에 나누어 준다. 모둠 안에서 역할을 나누어 보고 상의해서 주어진 가사에 맞는 준비물과 동작을 구상하도록 한다. 구상한 내용을 노래에 맞추어 연습하도록 해서 각 모둠별 부분이 전체로 이어질 수 있도록 한다.

여섯 번째, 뮤지컬로 표현한다. 모둠별로 준비된 내용을 하나로 이어서 전체의 뮤지컬로 표현해 본다. 작품으로 완성된 내용을 동영상으로 촬영하거나 UCC로 꾸며 보면 더욱 좋다. 학예회나 축제, 소풍 등에서 작품으로 발표해서 그 동안 준비한 내용을 뽐내보는 것도 좋다.

일곱 번째, 느낀 점을 공유한다. '뮤지컬 한 편이 무대에서 공연될 때 배우 뿐만 아니라 많은 사람들이 함께 만들어 간다는 것을 알게 되었다', '노래 가사에 맞게 필요한 물건을 준비하고 동작을 정해 뮤지컬을 꾸며 보니 정말 재미있었다', '책 속 주인공처럼 노래를 부르며 춤도 추니 진짜 뮤지컬 배우가 된 것 같았다'

수업을 마무리하면서 교사도 소감을 한마디 한다.
"처음에 선생님이 뮤지컬을 만들어 보자고 했을 때 당황해서 눈이 휘둥그레졌지만 걱정도 잠시, 노래에 맞춰 필요한 물건들을 준비하고 동작을 연습해 가는 여러분들의 모습을 보면서 책 속의 주인공 한무대와 다르지 않다는 걸 알게 되었어요. 특히 서로를 격려해

가면서 모둠별로 열심히 참여하는 모습은 프로 뮤지컬 배우 못지않게 열정적이었답니다. 여러분도 한무대처럼 자신의 꿈을 이루어가기 위해 열심히 노력할 거라 믿어요. 서지원님의 『무대 위의 별 뮤지컬 배우』와 노지영님의 『행복을 연출하는 방송 PD』 같은 책도 좋으니 한 번 읽어보세요."

야구 선수에 대해 알아보기 : 국어샘과 진로샘이 함께 만든 진로 독서

올림픽과 아시안게임, 세계선수권대회, WBC와 프리미어12 등 세계인의 눈과 귀를 사로잡는 스포츠 대회가 정기적으로 열리고 거의 매일 야구와 축구, 농구, 배구 등 프로 스포츠 소식을 신문과 방송 등 미디어를 통해 접하는 일이 많으며, 스포츠 스타들이 연예인 못지않은 인기와 명성을 누리면서 운동 선수에 대해 관심을 갖는 아이들이 많아지고 있다. 일곱 명의 현직 중고등학교 선생님들이 함께 쓴 『국어샘과 진로샘이 함께 만든 진로 독서』에는 야구 선수에 대해 알아보는 구체적인 방법이 나와 있다. 우선 관련 책으로 도리 힐레스타드 버틀러의 『홈으로 슬라이딩』을 소개하는데, 전체적인 줄거리를 개요 식으로 설명하고 책 속의 한 장면을 발췌해서 안내한다. 그리고 책을 읽고 나서의 독후 활동을 한다. 첫 번째, 칼라일 코치는 조엘을 이렇게 대하고 있나요? 조엘은 어떤 감정을 느꼈을까요? 두 번째, 조엘은 교장 선생님과 교육감을 찾아갔지만 여자는 소프트볼을 해야 한다는 이야기만 듣습니다. 그러나 좌절하지 않고 부모님의 조언으로 신문사에 편지를 보내 자기 의견을 밝힙니다. 이렇게 조엘이 자신에게 닥친 문제를 해결하려고 한 행동에 대해 여러분은 어떻게 생각하나요? 조엘의 행동을 지지한다면 찬성 입장에서 지지하지 않는다면 반대 입장에서 의견을 말해 보세요. 세 번째, 조엘은 야구 선수라는 꿈을 가지고 있습니다. 왼쪽 바구니에서 조엘이 야구 선수로 성장하는데 필요하다고 생각하는 경험이나 능력을 찾아 모두 O 표시를하고 그렇게 생각한 이유를 말해 봅시다(시합 경험, 승부 근성, 토론하는 능력, 근력과 지구력, 여행 경험 등). 이외에도 조엘에게 더 필요한 경험이나 능력이 있다면 오른쪽 바구니에 적어 보세요. 네 번째, 여러분은 실패하거나 좌절할 때 어떻게 하나요? 다음 질문을 읽어보고 나의 행동과 비슷하다고 생각하는 만큼 색칠해 봅시다(1~5개의 동그라미).

1. 어떻게든 혼자 힘으로 해결해 보려고 노력한다.   ○○○○○
2. 내 운명이려니 생각하면서 받아들인다.   ○○○○○
3. 더 곤란한 처지에 있는 사람과 비교하면서 위안한다.   ○○○○○
4. 별 행동은 하지 않지만 열심히 고민한다.   ○○○○○
5. 비슷한 일이 있었을 때 대처했던 방식을 기억해서 해결한다.   ○○○○○
6. 기적이 일어나 그 문제를 해결해 주기를 바란다.   ○○○○○
7. 내 뜻을 굽히고 상대방 뜻에 맞춘다.   ○○○○○
8. 다른 사람의 도움을 받아서라도 해결하려고 노력한다.   ○○○○○
9. 만사가 귀찮아져서 잠이나 잔다.   ○○○○○
10. 나 자신을 탓한다.   ○○○○○
11. 문제 상황을 잊기 위해서 다른 일에 몰두한다.   ○○○○○

다섯 번째, '야구 역사상 첫 여성 투수의 맞대결 화제'라는 제목의 신문 기사를 읽고 여성이 야구를 하는 데 있어 장점과 단점을 생각해 보세요. 그리고 야구를 할 수 없는 상황이라면 어떻게 이를 극복해 나갈지 말해 보세요.

독후 활동을 마친 다음에는 직업 탐색의 시간을 갖는다. 먼저 야구장의 모습을 그려 본다. 다이아몬드형의 운동장, 초록색 인조 잔디, 전광판, 긴 막대 풍선을 들고 응원하는 관중들, 음악에 맞춰 응원하는 치어리더, 사인을 주고 받는 투수와 포수, 홈런을 노리는 타자, 스트라이크를 외치는 심판, 관중 사이를 오가며 간식을 팔고 있는 사람들까지 여러 가지 모습이 떠오를 것이다. 야구장에서는 어떤 직업을 만날 수 있을까? 우선 야구 선수가 있다. 직업인으로서의 프로 선수는 고등학교나 대학교를 졸업한 후에 프로팀에 스카우트가 되어야 하는데, 학창 시절에 차근차근 실력을 쌓아서 각종 대회에 나가 인상 깊은 경기를 보여줘야 한다. 다음으로 타격이나 투수, 수비, 주루 등을 가르치는 야구 코치와 작전을 짜고 선수를 관리하는 야구 감독이 있는데, 대부분 전직 야구 선수 출신이다. 야구 감독이 되려면 코치직을 거치면서 리더십과 게임 운용 능력, 의사소통 능력 등을 키워야 한다. 야구 매니저는 선수들의 식사 및 용품을 지원하는 일을 하고 야구 트레이너는 선수들의 운동 방법을 고민하거나 재활 훈련 등으로 몸을 관리한다. 야구 스카우터는 초중고와 대학교에서 활약하는 야구 선수들을 분석한 후 미래의 스타 선수를 발굴하고 야구 프런트는 수입과 지출, 마케팅 등 야구단을 포괄적으로 운영하는 일을 하며, 전력 분석원은 게임 중에 자기 팀과 다른 팀 선수의 각종 기록과 영상을 기록하면서 체크한다. 야구 심판은 야구의 규칙을 적용해서 경기 내용을 심판하는 일을 하는데, 전문 기관에서 야구 심판 과정을 수료한 후 (사)한국야구위원회(KBO)를 통해 심판이 될 수 있다. 진행 요원은 운동장을 살피면서 야구 경기가 원활하게 진행되도록 돕는 역할을 하고 야구 캐스터와 아나운서는 TV나 라디오로 야구 중계를 하며, 야구 전문기자는 신문에 실릴 기사를 작성하고 장내 아나운서는 선수 소개와 안내 방송을 한다. 관중석에서 관중들과 호흡을 맞추는 치어리더, 각 팀의 캐릭터에 맞는 탈을 쓰고 야구의 재미를 더해 주는 마스코트, 전광판에 점수와 각종 정보를 입력하는 기록원, 야구 경기를 촬영하는 카메라 감독, 촬영한 영상을 편집해서 경기장의 커다란 모니터로 내보내는 영상 편집기사도 있다.

야구라는 하나의 스포츠에도 이렇게나 많은 직업들이 있다. 야구를 좋아하는 사람이라면 야구 선수만 고집할 게 아니라 야구와 관련된 다양한 직업에 종사하면서 즐겁게 일할 수 있을 것이다.

과학자에 대해 알아보기 :
진로 독서 워크북

자연을 사랑하고 관찰과 실험을 좋아하는 아이 중에 '과학자'를 꿈꾸는 경우가 많다. (사)전국독서새물결모임에서 펴낸『진로 독서 워크북』에는 과학자에 대해 알아보는 구체적인 방법이 나와 있다.

우선 과학자라는 직업이 자신과 얼마나 잘 맞는지 확인하기 위해 다섯 가지 직업 적합도 항목을 체크하면서 자가 진단해 본다 (1~5개의 별).

1. 과학자에 대해 얼마나 알고 있나요?　　　　　　☆☆☆☆☆
2. 과학자가 하는 일에 얼마나 흥미가 있나요?　　　☆☆☆☆☆
3. 장점과 단점을 모두 고려했을 때 과학자라는 직업을 선택할 생각이 있나요?
　　　　　　　　　　　　　　　　　　　　　　☆☆☆☆☆
4. 과학자가 되기 위해 스스로 얼마나 노력하고 있다고 생각하나요?　☆☆☆☆☆
5. 과학자가 되기 위해 독서나 체험 활동에 참여할 생각이 있나요?　☆☆☆☆☆

별 1개당 1점으로 계산하고 21~25점이라면 직업 적합도가 매우 높으므로 이 직업을 목표로 필요한 능력을 꾸준히 개발한다. 16~20점이라면 직업 적합도가 높은 편이므로 적합도 점수가 낮은 부분을 중심으로 보완한다. 11~15점이라면 직업 적합도가 보통이므로 꾸준히 관심을 갖고 직업에 대해 좀 더 자세히 알아본다. 0~10점이라면 직업 적합도가 낮은 편이므로 해당 직업과 함께 다른 직업의 정보도 함께 알아본다.

이어서 관련 책으로 최재천 교수의 『과학자의 서재』를 소개하는데, 자연과학과 인문학을 넘나들며 여러 과학 관련 책을 펴낸 그가 젊은 시절 겪었던 꿈과 방황의 이야기를 담고 있다. 하버드대학교 출신의 세계적인 과학자가 되기까지 그가 어떤 환경에서, 어떤 생각을 품으며 자랐는지, 어떻게 행복한 과학자로 살게 되었는지 살펴볼 수 있다.

먼저 책과 친해지기 위한 두 가지 질문을 제시한다. 첫 번째 물음은 '최재천 교수는 진로 탐색 과정에서 방황과 갈등을 많이 했다고 해요. 그가 겪은 어려움은 무엇이며, 어떻게 극복했는지 친구들과 이야기해 보세요.' 두 번째 물음은 저자는 진로를 결정하고 어떤 직업을 가질 것인가를 고민할 때, '하고 싶은 대로 하면서 밥 빌어먹는 사람'이 되고 싶다고 말했어요. 진로와 직업에 대한 여러분의 생각을 말해 보세요.

다음으로 책 속에서 진로를 찾기 위한 두 가지 질문을 제시한다. 세 번째 물음은 '과학자 최재천은 동물학자가 되기까지 어떤 과정을 거쳤나요? 네 번째 물음은 최재천 교수가 자신을 행복한 과학자라고 말하는 이유는 무엇인가요?'

끝으로 책 밖에서 진로를 찾기 위한 질문을 제시한다. 다섯 번째 물음은 세상에는 동물을 사랑하는 사람이 참으로 많아요. 동물을 다룬 책이나 영화도 그만큼 많이 제작되었습니다. 아래에 소개하는 『아름다운 비행』영화를 참고하여 여러분이 본 영화 중에서 동물을 소재로 한 좋은 영화가 있다면 자유롭게 소개해 보세요.

(사)전국독서새물결모임에서 펴낸 『진로 독서 가이드북』에는 다른 방식으로 진로 독서 지도를 할 수 있는 방법이 담겨 있다.

첫 번째, '어떤 책일까'에서는 책에 대한 내용이나 구성, 특징 등을 간단히 소개하면서 진로 독서 지도에 대상 도서가 어떤 역할을 하며 이띠한 의미가 있는지 알아보도록 한다. 예를 들어 『과학자의 서재』를 소개하면서 저자의 유년기와 청소년기, 성년기의 경험과 매 시기에 큰 영향을 끼쳤던 의미있는 책들이 있었다는 것을 알게 한다.

두 번째, '무엇을 더 볼까(진로 탐색)'에서는 관련 매체를 소개하면서 직업 탐색의 범위를 넓힌다. 인터넷 사이트와 영화, 텔레비전 프로그램, 연극 등 여러 종류의 매체를 통해 진로에 대한 정보를 얻을 수 있도록 하는데, 『과학자의 서재』와 함께 읽어볼만한 책으로는 『세 바퀴로 가는 과학자전거』강양구가 있다.

세 번째, '무엇을 이야기해 볼까(진로 토론)'에서는 책 속에서 토론거리를 찾아 제시하는데, 이야기식 토론이나 찬반 토론을 통해 자신의 가치관과 태도가 분명하게 드러나므로 진로를 선택하는데 큰 도움이 된다. 예를 들어 『과학자의 서재』에서 토론거리는 '독서는 미래의 진로를 결정하고 그 일에서 성공하기 위해 꼭 필요하다', '성장기에 방황을 많이 하는 것이 진로를 찾는데 큰 도움이 된다' 등이다.

네 번째, '무엇을 해 볼까(진로 활동)'에서는 대상 도서를 읽고 모둠끼리 토론을 한 후 글을 쓰거나 관련 활동을 할 수 있도록 두세 문항 정도의 발문을 제시하는데, 논술문, 설명문, 광고문, 기사문, 수필 등 다양한 글을 써봄으로써 자신의 가치관을 잘 드러낼 수 있다. 예를 들어 『과학자의 서재』에서 두 가지 발문은 '어릴 적부터 지금까지 자기가 하고 싶었던 일들과 그 이유를 적어 보자', '과학자가 되기 위해 자신이 시도해본 경험들과 필요한 자질을 적어 보자' 등이다.

다섯 번째, '얼마나 가까울까(진로 척도)'에서는 대상 도서를 읽고 자신의 진로를 탐색한 후 관련 직업에 대해 자신이 얼마나 흥미가 있고 적성이 높은지, 이런 직업을 갖게 된다면 얼마나 잘해낼 수 있는지 스스로 평가해 볼 수 있는 기회를 제공한다. 예를 들어 '이 일을 해보고 싶어요(1~5점)', '이 일을 잘할 수 있어요(1~5점)' 등이다.

위와 같은 진로 독서 방법을 통해 직업 세계에 대한 다양한 접근 기회를 열어주고 충분한 정보를 제공할 수 있으며, 직업에 대한 올바른 가치관을 가질 수 있도록 지도할 수 있으므로 학생들이 진로를 탐색하고 계획·실천하는데 큰 효과를 거둘 수 있을 것이다.

연예인에 대해 알아보기 : KET 한국형 하브루타 7키워드 진로 독서

겉으로 보이는 화려한 모습에 현혹되거나 인기도 얻고 돈도 많이 번다는 생각 때문에 연예인을 꿈꾸는 학생들이 많아지고 있다. 하지만 속을 들여다보면 엄청난 노력을 해야 하고 무명의 설움을 이겨내야 하며, 인기 없을 때의 배고픔도 견뎌내야 하는 사람들이 바로 연예인들이다. 연예인의 삶이 어떤지 알아보기 위해 김성재 작가의 『Who? Special 유재석』으로 진로 독서 수업을 진행했다.

국민MC로 불리며 대한민국 최고의 방송인으로 우뚝 선 유재석은 어릴 때 소심하고 겁많던 소년이었다. 중학교 때 개그맨의 꿈을 갖게 되었고 틈만 나면 개그맨을 흉내내면서 실력을 갈고 닦았다. 대학생 때 대학 개그제에 참가해 장려상을 받고 방송국의 공채 개그맨이 되었다. 그런데 카메라 앞에만 서면 긴장하는 버릇 때문에 실수를 연발하게 되었고 설 수 있는 무대가 점점 줄어들면서 꿈을 포기해야 할 것 같은 갈림길에 서기도 했다. 하지만 끝까지 포기하지 않고 도전하는 자세로 다양한 프로그램의 리포터를 맡아 열심히 노력한 끝에

MC로서 능력을 인정받게 되었고 지금은 대중의 사랑을 한 몸에 받는 최고 연예인의 자리에 올랐다. 그는 현재의 모습에 안주하지 않고 오늘 보다 내일 더 즐거운 웃음으로 사람들에게 행복을 주려고 온 힘을 다해 노력하고 있다.

독서 토론 방식의 진로 독서 수업을 하기 위해서는 학생들의 눈높이로 다가서는 것이 매우 중요하다. 2차시 수업(차시당 45분씩, 총 90분)을 기본으로 구성해 보면 먼저 본격적인 독서 토론에 앞서 독서 토론의 가치와 효용성에 대해 30분 정도 강의를 한다. 강의는 딱딱한 이론 전달이나 일방적인 강의 위주로 가서는 안 된다. 학생들과 마음을 열고 소통하겠다는 자세가 중요하다. 먼저 다양한 스팟으로 학생들의 마음을 연다. 넌센스 퀴즈나 초성 퀴즈, 선생님과 관련된 유머 퀴즈 등이 반응이 좋다. 강의 초반에 아이들이 맘껏 웃고 집중할 자세를 갖추게 만들면 그 다음 이어지는 수업에 대해 호기심을 갖고 참여하게 하는 동기 부여가 된다. 강의 서론 부분에는 유재석의 비하인드 스토리 동영상을 보여준다. 꿈이 있었지만 꿈과는 거리가 먼 진로를 강요받았을 때의 좌절감, 무명 시절 동안 거쳐 왔던 수많은 좌절과 시련, 의기소침함과 나약함 등 성공하기 전의 유재석 역시 성공을 꿈꾸었지만 쉽지 않았던 모습, 그리고 꿈을 가로막는 수많은 장애물을 극복하는 과정을 보여줌으로써 학생들도 자신의 모습을 되돌아보게 되고 자신의 꿈이나 목표에 대해 생각해 보게 된다.

마음 열기가 성공적으로 되고 나면 본격적으로 진로 독서 강의가 시작된다. 강의 역시 딱딱한 이론 전달을 목적으로 하지 않는다. 진로와 결합된 진로 독서 수업이기 때문에 학생들에게도 유재석처럼 간절한 꿈이 있는지 묻는다. 꿈이 있다면 그 꿈을 어떻게 이루어 갈 것인지 탐색하는 일이 중요하다는 것을 일깨워 주고 아직까지 꿈이 없다면 앞으로 살아가는데 있어 꿈이 왜 중요한지 깨닫게 한다. 그리고 지금 꿈이 없어도 얼마든지 자신이 원하는 꿈을 설정하고 이루어 갈 수 있다는 점과 꾸준히 자기 자신이 잘하는 것, 좋아하는 것, 잘 할 수 있는 것, 하고 싶은 것 등을 스스로 탐색할 수 있도록 격려한다.

이어서 진로는 좋은 대학을 가는 것이 목표가 아니라 우리가 인생을 살아가는 모든 과정이 진로임을 알게 하고 그 과정에서 중요한 선택이 이루어지는 것이 '진로 선택'이며 대학 선택은 중요한 선택 중의 한 가지 임을 알게 하는 것이 중요하다. 그리고 우리가 대학 학과나 직업을 선택할 때 자기 자신에게 맞는 학과나 직업을 선택하는 것이 평생 행복한 삶을 살기 위해 중요함을 알려준다. 즉, 진로 탐색이나 결정에 있어 '자기 이해'가 중요하다는 것을 강조한다.

진로에 대한 이해와 자기 이해의 중요성에 대한 이야기가 끝나면 학생들에게 자신의 성격, 흥미, 적성에 맞는 다양한 활동을 많이 해보도록 권한다. 그 중에 직접 경험은 한계가 있으므로 다양한 책을 골라 읽고 책 속 인물을 통해 진로를 탐색하며, 자신의 진로와 연결지어 생각해 보는 진로 독서 활동의 효용성을 알려 준다. 그리고 나서 ZINBOOK 7키워드 독서 토론에 대해 간단히 소개한다. ZINBOOK 7키워드 독서 토론이 왜 한국형 하브루타인지 설명하면서 유대인의 성공 비밀인 하브루타에 관해서도 간단히 언급하는 것이 좋다. 세계 0.25%의 인구, 지능도 세계 74위 정도인 유대인들이 노벨상 수상자 가운데 30%를 차지하고 미국 아이비리그 졸업생의 30%를 차지하면서 전 세계 경제를 주무르고 있는 비결은 바로 짝과 함께 1:1 토론을 하는 하브루타라는 교육 방식 때문임을 알려준다.

우리는 훨씬 더 우수한 민족성과 두뇌를 갖고 있지만 주입식, 암기식 수업 방식으로 생각하는 힘을 잃고 단 하나의 정답만 찾다 보니 질문하는 힘도 잃었다는 것을 이야기 해준다. 학생들은 이런 스토리를 통해 토론 수업이 얼마나 중요한지를 깨달을 것이다. ZINBOOK 7키워드 독서 토론은 한국형 하브루타를 지향한다. 이제부터 우리도 한국형으로 하브루타를 해보자! 여러분들 중에 머지 않아 노벨상을 타는 사람이 나올 수도 있을 것이다. 이와 같은 진심 어린 이야기를 통해 학생들은 일종의 사명감이 들면서 진로 독서의 중요성도 깨닫게 될 것이다.

ZINBOOK 7키워드 독서 토론을 바탕으로 하는 진로 독서 수업은 성격과 흥미, 적성 유형에 따른 독서 토론을 하는데, 그 중에 이번 시간에는 성격 유형에 따른 독서 토론을 할 것이라고 소개한다. 성격 유형은 MBTI나 에니어그램 등으로 알아 볼 수 있는데, 간단하면서도 쉽게 에니어그램 중 머리, 가슴, 장 유형에 맞는 독서 토론을 하기로 한다. 성격 유형을 알아보는 것은 '너는 나와 다르기 때문에 틀렸다'가 아니라 모든 사람은 서로 다르기 때문에 다른 사람을 이해하기 위한 것임을 강조한다. 그리고 나서 간단 테스트로 자신이 머리형, 가슴형, 장형 중 어떤 유형인지 알아본다.

　　오늘의 주인공인 유재석은 가슴형의 사람으로 사람과 인맥, 이미지를 중시하며 사람을 좋아해 혼자 있는 것을 힘들어 한다는 점, 스트레스를 받았을 때는 친구를 만나 수다를 떨어야 풀린다는 점 등 가슴형의 특징들을 보여준다. 학생들 중 자신이 가슴형인 친구들은 크게 공감을 할 것이다. 다음에는 머리형, 장형으로도 수업을 할 것이라고 안내하면 다음 수업에 대해서도 기대하게 될 것이다.

　　ZINBOOK 7키워드 독서 토론을 하기 위해 세 가지 토론 규칙을 설명해준다. 첫 번째, 책을 읽은 사람만 토론에 참여 가능하다. 두 번째, 책에 있는 내용에 관해서만 이야기 한다. 세 번째, 토킹 스틱을 이용해 경청을 한다. 토킹 스틱은 인디언들의 부족 회의에서 추장이 들고 있던 지팡이에서 유래된 것이다. 지팡이의 용도는 이것을 갖고 있는 사람만 얘기할 수 있고 다른 사람은 절대 끼어들거나 참견하지 못하며 질문하지 않고 가만히 듣는 것이다. 이야기가 끝나면 다른 사람에게 지팡이를 넘기고 나머지 사람들은 주의 깊게 듣는다. 토킹 스틱은 다른 사람이 이야기하는 중간에 끼어들거나 방해하는 것을 방지해 주는 매우 훌륭한 도구다.

보통 한 반 친구들이 27명에서 많게는 35명 정도 되기 때문에 깊이 있는 토론이 될 수 있도록 4~6조로 조를 나눈다. 그리고 각 조마다 토론 리더를 선정하게 한다. 만약 여러 회차로 나누어 독서 토론이 진행 될 수 있다면 돌아가면서 토론 리더를 하게 된다. 모든 사람이 빠짐없이 참여하도록 돕는 것 역시 ZINBOOK 7키워드 독서 토론의 특장점이다.

토론 리더가 선정되면 토론 리더 선서식을 한다. 토론 리더는 친구들이 질문을 할 때 대답하거나 자신의 의견을 말해선 안 된다. 일곱 가지 키워드를 말해주며 키워드마다 토론하는 친구들이 스스로 해답을 찾도록 도울 뿐이다. 또한 토론 리더는 조원 전원이 토론에 참여하도록 돕는 역할을 하며 다른 조원들이 경청하도록 리드한다. 학생 수업에서는 토론 리더에게 토론 리더용 간단 매뉴얼을 제공한다. 어떤 질문을 어떻게 해야 하는지 잘 모르기 때문에 매뉴얼은 토론이 능숙해지기 전까지 어떤 사람이 리더가 되어도 활발한 토론을 할 수 있도록 돕는 중요한 역할을 한다.

이제 본격적으로 7키워드 조별 독서 토론을 한다. 7키워드는 낭독, 경험, 재미, 궁금, 중요, 메시지, 필사 등이다. 첫 번째 키워드로 '낭독'을 할 때는 재미있게 라디오극을 할 것이라고 안내한다. 역할은 유재석과 아버지, 그리고 어머니 역할을 맡을 사람을 선정하고 그 나머지 부분은 조원들이 나누어 해설을 읽는다. 텍스트는 미리 인원에 맞게 끊어 읽을 부분을 표시 해가는 것이 좋다. 돌아가면서 해설을 읽고 역할극을 하다 보면 낭독만으로도 무척 재미있다는 것을 느끼게 된다.

두 번째 키워드는 '경험'이다. 책에서 읽은 내용과 비슷한 경험이 있는지를 묻는데, 막연한 질문보다는 구체적인 발문이 좋고 되도록 긍정적인 경험을 묻는 것이 좋다. 예를 들어 유재석처럼 꿈이 좌절되어 본 경험보다는 유재석처럼 어떤 일을 이루기 위해 어려움이 있어도 끈기있게 도전해 본 경험이 있는지를 묻는 것이 좋다.

세 번째 키워드는 '재미'다. 책 속에서 재미있다고 느낀 부분이 있었는지를 묻는데, 재미있었던 부분, 혹은 기발하다는 생각이 든 부분, 또는 표현이 새로웠거나 흥미로웠던 부분…… 등으로 확장시켜 질문을 한다.

네 번째 키워드는 '궁금'인데, 이 궁금이야 말로 독서 토론의 꽃이라 할 수 있다. 앞서 말했듯 우리는 정답만을 강요당하다 보니 궁금한 것이 있어도 질문을 못했다. 정답에서 조금이라도 벗어난 대답을 하거나 궁금증을 이야기 하는 것은 수업을 방해하는 것으로 여겼기 때문이다. 그러나 자유롭게 궁금한 것을 묻고 답하는 가운데 학생들의 사고력과 표현력, 논리력, 창의력 등은 엄청나게 신장된다. 리더는 조원들이 발표하는 내용을 진중하게 경청하면서 궁금한 점만 따로 정리해 놓는다. 그리고는 자유 토론 시간이나 토론이 마무리될 때 조원들이 궁금하다고 했던 질문을 하나씩 함께 해결한다. 질문에 대한 정답은 없다. 어떤 것도 답이 될 수 있다. 놀라운 것은 질문을 한 사람이 가장 좋은 답을 갖고 있다는 사실이다. 학생들이 그것을 스스로 발견하게 하는 것이야 말로 독서 토론의 핵심이라고 생각된다.

다섯 번째 키워드는 '중요'다. 학생들 스스로 텍스트를 읽으면서 어떤 부분이 중요하게 와 닿았는지 묻는다. 지금의 내 상황에 비추어 봤을 때 특별히 와 닿는 부분이 있었는지, 아니면 앞으로 나도 꼭 적용해 보고 싶다고 생각한 부분이 있는지를 묻는 것이다.

여섯 번째 키워드는 '메세지'다. 작가는 『WHO? SPECIAL 유재석』을 통해 어떤 이야기를 하고 싶은 걸까를 묻는다. 이 키워드는 책 전체의 핵심을 파악하게 하는 중요한 역할을 한다.

일곱 번째 키워드는 '필사'다. 전체 내용 중에 수첩이나 휴대폰에 적어 놓고 두고두고 보고 싶은 내용이 있는지 묻는다. ZINBOOK 7키워드 독서 토론은 미리 활동지를 주지 않는다. 토론이 모두 끝난 뒤에 기억을 떠올려 보며 기록해 보도록 이끈다. 활동지를 미리 주게 되면 토론에 집중하지 못하고 다른 사람이 말하는 내용을 적기 바쁘다. 우리 교육의 폐해가 다시 나타나 버리는 것이다. 우리 교육은 듣고 받아 적고 다시 잊어버리는 악순환의 연속이므로 활동지는 필사를 할 때 주는 것이 좋다. 필사하고 싶은 인상 깊은 부분을 찾는 것은 지금까지 토론을 통해 전체적인 내용을 적어도 여섯 번을 반복해서 보았기 때문에 찾아내는데 큰 어려움이 없을 것이다.

독서 토론이 모두 끝나가는 시점에 앞서 조원들이 말한 내용을 리더가 적어 놓은 '궁금'한 부분을 함께 해결한다. 리더는 적어 놓은 질문이 조원이 말하는 내용과 일치하는지 묻고 그 궁금증에 대해 다른 조원들의 의견을 묻는다. 이 과정을 통해서 다른 친구가 갖고 있는 궁금증을 넘어서 다른 친구의 문제를 해결해 주려는 배려심이 싹트게 된다.

7키워드 독서 토론이 끝나고 나면 마무리로 「2011년 무한도전 가요제」에서 유재석과 이적이 함께 불러 화제를 모았던 '말하는 대로' 동영상을 보여준다. 어려웠던 20대를 지나 말하는 대로 맘먹은 대로 될 수 있다고 믿으면서 꿈을 이룬 유재석의 이야기를 동영상으로 보고 나면, 영상 세대 답게 유재석의 감동 스토리가 내면화될 것이다.

마무리로 자신의 미래를 상상하면서 20년 후, 30년 후의 나를 인터뷰하는 활동지를 통해 자신의 미래를 현실화시켜 보면 한 번의 진로 독서 수업을 통해서도 정말 큰 동기 부여가 될 것이다. 끝으로 이번 독서 토론 수업에서 느꼈던 점, 앞으로 독서 토론을 통해 또 다시 만나게 될 다른 유형의 인물에 대한 간단한 안내로 수업을 마무리한다.

제 3 장

인성의 이해

청소년 인성과 인성 교육의
현주소

"학업 중단 학생 수 76,589명, 청소년 범죄율 4.6%, 청소년 자살 학생 수 350명(인구 10만 명당 8.3명), 청소년 사망 원인 중 자살이 차지하는 비중 28%, 청소년 자살 시도율 4.44%(자살 생각률 18.97%), 1년간 자살 충동을 느낀 청소년 8.8%(성적과 진학문제 53.4%)……."

위 자료는 2011~2012년에 교육과학기술부와 한국교육개발원, 국가통계포털, 한국보건의료연구원 등에서 주관한 청소년 관련 통계 중 대표적인 것이다. 청소년들은 학교급이 올라감에 따라 자아 개념이 부정적으로 변하고 더불어 사는 능력도 떨어지며, 학교를 그만두고 싶다는 응답률도 높고 그만두고 싶다는 이유가 대부분 성적이나 진학 문제, 친구 관계 등이었으며, 학교 폭력과 왕따에 노출될 확률도 점점 높아졌다.

이 같은 통계 결과가 매년 발표되지만 정부와 학교는 무관심과 무대책으로 일관해 왔다. 그러다가 2011년 대구의 한 중학생이 학교 폭력에 시달리다가 자살하는 사건이 대한민국 사회를 강타했고 학생 자살 사건이 연이어 보도되면서 온 사회가 충격에 빠졌다. 청소년 문제가 사회 문제로 커지고 있다는 점을 자각한 정부와 각 부처는 시급히 근본적인 대책 마련에 나섰다.

2012년 2월에 학교폭력근절대책위원회가 발족되었고 3월에 모든 학교에서 학교폭력대책위원회가 활동을 시작했으며, 학교 폭력 실태에 관한 전수 조사도 이루어졌다. 교사와 학부모들이 학교 폭력 문제에 적극적으로 개입하면서 위험 수위가 조금씩 낮아졌고 정신을 차리고 나자 학교 폭력을 예방하기 위해 인성 교육이 필요하다는 것을 깨닫게 되었다. 이런 생각은 대한민국 교육의 진로와 새로운 비전 수립을 위한 중요한 과제로까지 인식되기에 이르렀다.

교육과학기술부는 이런 국가 사회적 요청에 부응해 2012년 3월 인성 교육 실천을 위한 10대 정책과제연구팀을 가동하고 충남대학교 교육학과 천세영 교수를 팀장으로 하는 총괄연구팀에게 인성 교육 비전 수립 작업을 맡겼다. 그리고 6개월 동안 워크숍과 세미나, 서베이, 델파이 등을 통해 『인성 교육 비전 수립을 위한 정책 연구』라는 책자로 완성되었다.

연구팀은 우선 청소년의 인성과 인성 교육의 현주소를 파악하기 위해 전국의 학생과 학부모, 교사를 대상으로 온라인 실태 조사를 했다. 그랬더니 우리 청소년들은 핵심 인성 덕목 도달 기대치에 평균 이하의 수준을 보였고 더불어 사는 능력은 세계 최하위 수준이었으며, 신체적 정신적으로 허약하고 삶에 대한 부정적인 인식이 높았으며, 학교 폭력과 왕따 발생 가능성에 노출되어 있었고 학교를 떠나거나 멀어지는 아이들이 많았다.

이런 결과가 나온 이유를 분석해 보니 몇 가지로 압축되었다. 첫 번째, 입시와 성적 위주의 교육을 하느라 인성 교육에 소홀했다. 두 번째, 학교 폭력에 눈감거나 이에 둔감한 풍토가 조성되어 있었다. 세 번째, 학생과 교사, 학부모 간에 소통이 부족했다. 네 번째, 학생들의 언어 문화가 심각하게 비뚤어져 있었다. 다섯 번째, 체육과 스포츠, 예술 활동이 많이 부족했다. 여섯 번째, 생활 지도와 인성 교육의 어려움으로 인한 사기 저하로 교원의 역할이 부족했다.

연구팀은 청소년 인성과 인성 교육의 현주소에 대해 '우리나라 청소년 인성과 관련한 현실 인식은 다양하지만 대체적으로 걱정과 우려의 목소리가 우세했다. 따라서 앞으로 인성 교육의 중요성이 높아질 것이라는 사회적 인식과 공감대가 형성될 거라 기대한다'라고 말하면서 인성에 대한 개념을 정립하고 인성 교육의 방향성을 제시했다.

우리는 지난 60년간 가파른 경제 성장으로 인해 과거에 비해 물질적으로는 풍요를 누리고 있지만 오늘날 가정과 마을의 해체, 각종 사회 병리 현상들로 큰 위기에 처해 있다. 청소년들은 학교 폭력과 청소년 자살률, 대화 중 욕설의 비중이 심각한 수준이라 학교에서 소외되고 이혼률이 OECD 국가 중 1위로 나타나 가정에서도 제대로 보호받지 못하고 있으며, OECD가 주관하는 국제 학업 성취도 평가(PISA)에서는 최상위권이지만 학업에 대한 만족도와 사회적 상호 작용 능력은 최하위권이다. 이런 현실이 초래된 가장 큰 이유는 인성 교육의 실패 때문이다.

그 동안 인성 교육이 제대로 이루어지지 못한 이유는 다음과 같다. 첫 번째, 가정에서 품성보다는 성적으로 학생을 평가했다. 두 번째, 학교에서 주입식 암기 교육과 입시 교육에 치중하느라 인성 교육에 소홀했다. 세 번째, 인성을 가르치기는 했지만 입과 지식으로만 가르치려 했지 머리로 생각하고 가슴으로 느끼면서 몸으로 행동하게 하는데 실패했다. 네 번째, 인성 교육을 두발 및 복장, 흡연 및 음주, 폭력 및 비행 등에 대한 '~하지 말라' 식의 단속과 징벌적 생활 지도의 일부분으로 인식했다. 다섯 번째, 사회에서 어떤 사람이 되라는 말보다 공부만 잘 하라는 말을 더 많이 하면서 '협동보다는 경쟁, 함께보다는 혼자, 우리보다는 나'를 강조하고 이기심을 묵인하거나 은연 중에 조장했다. 여섯 번째, 청소년들이 학교에서 배운 내용과 실제 삶 간에 불일치하는 경험을 많이 하면서 학교의 인성 교육은 학교 밖 사회 현실과 너무 동떨어지고 고리타분한 것이라고 인식했다. 일곱 번째, 인성의 개념과 요소가 너무 추상적이며, 사회적·학문적으로 합의되지 않은 채 사용되고 있어서 혼란스러웠다.

결국, 인성 교육이 제대로 이루어지려면 우선적으로 인성과 인성 교육, 핵심 요소들에 대한 개념 정립이 필요하고 새로운 시대에 필요로 하는 인성의 개념을 고찰해야 하며, 다양한 연구 결과를 바탕으로 구체적인 실천 지침이 있어야 한다.

인성과 인성 교육의 개념 및 핵심 요소

"당신의 인성이 아주 큰 소리로 당신을 잘 대변해 주고 있기 때문에 당신의 말은 귀에 들리지 않습니다." - 에머슨Ralph Waldo Emerson

　지금까지 인성은 '사람됨', '인간다움', '전인' 등 추상적인 개념으로 정의되어 왔고 정직, 신뢰, 약속, 배려, 봉사, 나눔, 소통, 협동, 공감, 호기심, 헌신, 탐구, 자존감, 긍정, 자율, 도전, 포용, 협력, 존중, 인내, 책임, 조화, 정의, 관용, 공존, 공정, 상생, 성실, 관리, 평등 등 시대와 사회에 따라 가치 있다고 여겨지는 거의 모든 덕목들이 인성 교육에 포함되거나 인성을 보는 다양한 관점에 따라 핵심 요소와 가치들을 다르게 적용해 왔다.

　인성 교육의 핵심 요소들은 주로 사회나 도덕 교과에서 이론과 개념 위주로 학생들에게 전달되었는데, 모호한 인성 개념과 지나치게 많은 인성 덕목들로 인해 학교나 교사에 따라 인성 교육의 내용과 방식이 달라서 어려움이 컸다. 올바른 인성 교육을 위해서는 인성과 인성 교육의 개념 및 핵심 요소부터 정립해야 하는데, 우선 다양한 전문가들의 견해부터 하나씩 살펴보면서 나름대로 정리를 해보려 한다.

1. 인성의 개념

인성의 사전적 정의는 '사람의 성품이나 성격, 성질, 됨됨이를 말하는 것으로써 각 개인이 가지는 사고와 태도 및 행동의 특성'이고 한자로 人性, 영어로는 personality로 쓴다. 교육과학기술부는 인성을 '더불어 살아갈 수 있는 품성과 역량으로 도덕성과 사회성, 감성을 포함한다'고 정의했고 한국교육학회는 '인성이란 사람의 바탕이 어떠하며 사람된 모습이 어떠한지를 말하는 개념으로 사람의 마음과 사람됨이라는 두 가지 요소로 구성된다'라고 정의했으며, 미국 교육부는 '인성이란 존중, 공정성, 보살핌 등의 도덕적, 윤리적 가치와 책임감, 신뢰, 시민성 등을 망라하는 개념으로 개인 또는 집단의 정서적, 지적, 도덕적 자질은 물론 이러한 자질들이 친사회적 행동으로 발현되는 것을 포함한다'라고 정의했다.

『인성 교육의 이해와 실천』의 저자 서울대학교 윤리교육과 정창우 교수는 '인성이란 자신의 내면을 바르고 건전하게 가꾸고 타인·공동체·자연과 더불어 살아가는 데 필요한 성품과 역량이다'라고 정의했고 『인성은 미래다』의 저자 한국인성창의교육재단 주건성 박사는 '인성이란 마음의 바탕인 성질과 사람됨의 모습인 품격이 어떠하다는 것이다'라고 정의했으며, 『신문으로 하는 인성 교육』의 저자 경인교육대학교 정문성 교수는 '인성이란 자신만의 생활 스타일로서 다른 사람들과 구분되는 지속적이고 일관되면서도 독특한 심리 및 행동 양식이다. 즉, 일상 생활을 유지하기 위한 개인의 방법을 특색 지우는 일련의 습관이다'라고 정의했고 『현용수의 인성 교육 노하우』 의 저자 현용수 박사는 인성이란 도덕적 인격을 형성하는 내면적 성품, 성질 또는 성격 및 강한 의지다'라고 정의했다.

인성에 대해 연구한 학자들의 정의도 무척이나 다양하다. 고 황응연 이화여자대학교 명예교수는 '인성이란 환경에 대응함으로써 나타나게 되는 행동 및 태도, 동기, 경향성, 인생 과정들의 총합으로써 사람들에게 있어 시간과 상황에 걸쳐 지속되는 독특한 구조이며, 어떠한 경험을 하느냐에 따라 크게 변화될 수 있다는 의미를 포함한다'고 했고 전 인천교육대학교 윤리교육과 이근철 교수는 '인성이란 좁게는 도덕성, 사회성, 정서(감정) 등을 의미하고 넓게는 지덕체 또는 지정의를 모두 골고루 갖춘 전인성을 뜻한다'고 했으며, 전 한국교육과정평가원 조난심 부원장은 '인성이란 사람이 태어나면서 가지고 있는 성격이나 특질의 개념이 아니라 의도적인 교육이나 학습에 의해 습득하거나 변화가 가능한 인간의 성품이다'라고 했고 이화여자대학교 조연순 명예교수는 '자신의 내면적 요구와 사회 환경적 필요를 지혜롭게 잘 조화시킴으로써 세상에 유익을 미치는 인간의 특성이다'라고 했다.

고려대학교 교육학과 강선보 교수는 '인성이란 인간이 도달해야 하는 이상적인 인간다운 성품, 인간 본연의 모습이다'라고 했고 부산교육대학교 유아교육과 허승희 교수는 '인성이란 인간이 개인적으로 갖추어야 할 바람직한 심성과 사회적으로 갖추어야 할 가치있는 인격 및 행동 특성이다'라고 했으며, 한국교육개발원 현주 수석연구위원은 '인성이란 긍정적이고 건강한 개인의 삶과 사회구성원으로서의 삶을 살아가기 위해 갖추어야 할 바람직한 특질과 역량이다'라고 했다.

천세영 교수는 『인성 교육 비전 수립을 위한 정책연구』에서 '인성이란 개인적 영역(개성, 기질, 성격)과 사회적 영역(인간성, 사람됨, 도덕성)에서 자신을 발견하고 조절·통제하며, 자신을 존중하고 타인을 배려할 줄 알며, 더불어 살아갈 수 있는 품성과 역량이다'라고 정의하면서 교육학 분야에서는 '인성'으로, 정신분석학 분야에서는 '인격'으로, 심리학 분야에서는 '성격'으로 통용된다고 말한다.

한편 인성 personality보다 성품 character을 좀 더 강조한 전문가들도 있다. 『인성 교육의 이해와 실천』의 저자 서울대학교 정창우 교수는 'personality(인성)는 다른 사람들과 차별성을 갖게 하는 특수성이 강조되는데 반해, character(성품)는 도덕적 의미가 더 많이 함축되어 있다. 따라서 personality, character, morality 순으로 도덕적 어조(moral tone)가 강해진다'고 말했다.

『인성을 가르치는 학교 만들기』의 저자 건양대학교 이영숙 교수는 'personality(인성/성격)는 사람이 타고난 자신의 유전적 기질을 세상에 드러내는 방식을 뜻하며, 외적으로 타인에게 보여지는 것을 의미하는 데 반해, character(성품)는 자신의 타고난 성격에, 교육과 경험의 요소들을 포함한 환경적 영향력에 의해 형성된 '내면의 덕'을 갖춘 상태를 말한다'고 하면서 '성품은 한 사람의 생각thinking과 감정feeling, 행동action의 총체적 표현으로 어떤 사람의 일관되고 예측 가능하며 변하지 않는 성향으로써 성격의 깊이에 작용하고 행동과 태도, 가치를 통합하는 원리를 제공한다'고 정의한다. 그리고 성품의 발달이 일률적 또는 획일적, 개별적으로 분리되지 않고 개인의 경험 안에서 상호작용하며 성장하는 것이라고 봤다.

『진성 리더십』의 저자 이화여자대학교 윤정구 교수는 '인성은 타고난 측면이 강하지만 품성은 인성을 넘어서서 자신의 스토리를 오랜 기간의 훈련과 규율을 통해서 내재화하여 스스로가 만들어낸 것이다. 진성 리더는 타고난 인성을 넘어서서 자신의 사명을 기반으로 개발된 품성을 중시한다. 타고난 인성은 그 크기가 정해져 있지만 만들어진 품성은 리더가 선택한 사명과 이 사명을 다이아몬드로 세공해내는 훈련 정도에 따라 결정된다. 진성 리더의 품성의 크기는 리더가 선택한 사명의 크기에 의해서 결정된다. 세상은 이미 타고난 인성만으로 문제를 해결할 수 있는 범위를 넘어선 지 오래되었으므로 후천적인 품성이 더욱 중요하다'고 했다.

2. 인성 교육의 개념

정창우 교수는 '인성 교육이란 자신의 내면을 바르고 건전하게 가꾸고 타인·공동체·자연과 더불어 살아가는 데 필요한 인간다운 성품과 역량을 길러주는 일이다'라고 정의했고 인성 교육의 목적은 건전하고 올바른 인성을 갖춘 시민을 육성하여 개인의 행복과 안녕을 증진시킬 뿐만 아니라, 개개인의 존엄과 가치가 존중되는 세계로의 진보를 이루어내는 데 이바지할 수 있는 인간을 육성하는 것이라고 했다. 인성 교육은 인간다운 성품과 역량을 길러준다는 측면에서 도덕성의 지적, 정의적, 행동적 측면의 조화와 통합, 도덕적 앎과 정서, 행동을 포함하는 '도덕 교육(좁은 의미의 인성 교육)'과 지성과 덕성, 감성, 체력이 고루 발달된 조화로운 인간을 기르고자 하는 '인간 교육(넓은 의미의 인성 교육)'과 비교된다.

정문성 교수는 '인성 교육은 인간이 마땅히 가져야 할 지(智/합리성), 정(情/감수성), 의(意/존중성)를 조화롭게 발달시키는 교육이다'라고 정의했고 인성 교육은 서양의 인격 교육character education과 비슷하다고 했다. 인격 교육은 서구에서 기존에 사용했던 종교 교육과 도덕 교육, 가치 명료화 교육 등이 모두 실패했다는 비판과 함께 새롭게 등장한 개념이다. 보편적 가치를 가진 덕목들을 열거하고 일정한 프로그램에 따라 그 덕목들을 외우고 실천하는 경험을 통해 인격을 만들어가는 방식이 제안되었는데, 학교와 학교 밖에서 상업적으로 많이 유행하면서 우리나라에도 영향을 주었다.

현용수 박사는 '인성 교육이란 도덕적 인격을 형성하는 내면적 성품, 성질 혹은 성격 및 강한 의지를 계발하고 이를 외면적 착한 행실로 나타나게 하는 교육이다'라고 정의했고 천세영 교수는 '인성 교육이란 혼자 살 수 없는 인간의 본성에 비추어 사람이 함께 살아가는 능력을 길러주는 일이다'라고 정의했다.

3. 인성 교육의 핵심 요소

정창우 교수는 '인성 교육의 핵심 요소는 '지적 덕목(지혜)'과 '도덕적 덕목(성실, 용기, 절제, 배려, 예절, 효도)', '시민적 덕목(존중, 준법, 협동, 책임, 정의)' 등으로 구성된다'고 했으며, '핵심 인성 역량에는 지적 인성 역량(도덕적 문제 해결 능력)과 도덕적 인성 역량(자기 관리 능력, 긍정적 태도, 대인 관계 및 의사 소통 능력), 시민적 인성 역량(공동체 의식, 다문화 세계 시민 의식, 환경윤리 의식) 등이 있다'고 했다.

　　첫 번째, 지혜(智/wisdom/분별력과 판단력)는 어떤 상황에서 취해야 할 것이 무엇이고 버려야 할 것이 무엇인지를 분별하는 것으로써 훌륭한 판단을 통해 모든 덕을 지도한다.
　　두 번째, 성실(誠/integrity/정직과 근면)은 거짓됨이 없이 자기가 하는 일에 정성을 다하는 자세로써 도덕 원리를 준수하고 도덕적 양심에 충실하여 자기가 한 말을 실행하고 자기가 믿는 것을 지켜나가는 것이다.
　　세 번째, 용기(勇/courage/용감함과 불굴성)는 자신이 옳다고 믿는 것을 지지하고 옹호할 수 있는 능력과 의지를 뜻하며, 난관에 직면했을 때도 자신이 설정한 목표를 성취하기 위한 강한 의지력을 말한다.
　　네 번째, 절제(廉/temperance/자기 통제와 자제력)는 스스로의 욕구나 감정을 잘 통제하고 다스리는 것으로써 유혹에 저항할 수 있는 힘이자, 만족을 지연시킬 수 있는 능력을 말한다.
　　다섯 번째, 배려(慈/caring/공감과 감정 이입)는 다른 사람의 행복이나 복지에 관심을 가지면서 그들의 필요나 요구에 민감하게 반응을 보이는 것으로써 공감과 연민, 용서 등으로 구성된다.
　　여섯 번째, 예절(禮/etiquette/친절과 겸손)은 사람이 만든 질서에 따라 나와 남을 구분하고 그 구분에 따라 알맞게 표현하는 것으로써 일정한 격식을 갖춘 행동을 뜻한다.

일곱 번째, 효도(孝/filial piety/우애와 경애)는 인(仁)을 행하는 근본으로써 부모의 은혜에 감사하고 이에 보답하고자 하는 것이며, 부모님을 정신적·육체적·물질적으로 봉양하는 것을 의미한다.

여덟 번째, 존중(敬/respect/사람 존중과 생명 존중)은 사람이나 사물을 존재만으로 존중할 가치가 있음을 인식하고 소중히 여기는 것으로써 자신과 모든 생명체, 사물을 소중히 하는 기본 윤리다.

아홉 번째, 준법(忠/law-abiding/규칙 준수와 질서 의식)은 기본 생활 규칙과 공중 도덕, 법, 기타 사회적 약속과 의무 등을 준수하고 실천하는 성향으로써 국가 공동체 존립의 기본이 된다.

열 번째, 협동(忠/cooperation/공동체 의식과 조화 정신)은 사회의 공동선을 창출하고 증진하기 위해 구성원들이 힘과 뜻을 모아 노력하는 것으로써 공동체가 발전하고 번영하기 위한 필요조건이다.

열한 번째, 책임(誠/responsibility/역할 책임과 행위 책임)은 공동선의 실현을 위해 각 구성원들에게 부여된 역할과 의무를 충실히 이행하는 것으로써 미래지향적인 책임을 포함한다.

열두 번째, 정의(義/justice/공정성과 개방성)는 모든 사람의 권리를 존중하면서 각자에게 그의 정당한 몫을 주고자 하는 항상적이고 영속적인 의지로써 건강한 공동체 생활을 가능하게 하는 시민적 힘이다.

열두 가지 인성 교육의 핵심 요소는 '개인적 차원(지혜, 성실, 용기, 절제)'과 '관계적 차원(배려, 예절, 효도, 존중, 준법, 협동, 책임, 정의)'으로 나눌 수 있는데, 삶의 상황에서 윤리적 판단이나 의사 결정을 안내하는 역할을 하며, 학생들이 함양해야 하는 덕성의 필수 요소이자 덕성을 떠받치는 기둥 역할을 한다.

한국교육개발원에서는 인성의 핵심을 '다른 사람과 더불어 사는 능력'이라고 하였고 이를 위해 개인적 덕목으로서 정직과 성실, 책임, 용기, 사회적 덕목으로서 배려와 공감, 소통, 나눔, 감성적 덕목으로서 긍정과 자율, 절제를 꼽았다.

첫 번째, 정직은 마음에 거짓이나 꾸밈이 없이 바르고 곧음을 뜻하며, 사회 질서의 유지만이 아니라 자기 자신을 위해서도 꾸밈이 없다는 의미다.

두 번째, 성실은 정성스럽고 참되어 거짓이 없다는 뜻이며, 공동체 구성원들의 행복을 위해 자신이 산출해 낸 올바른 결과물이나 대안이 외부의 압력이나 유혹에 흔들리지 않고 실행해 나가는 덕을 의미한다.

세 번째, 책임은 맡아서 해야 할 임무나 의무 또는 행위의 결과에서 생기는 손실이나 제재를 받는 일을 뜻한다.

네 번째, 용기는 두려움이 없는 상태가 아니라 두려움에도 불구하고 도전하는 자세를 뜻하며, 고통과 위험에 직면해서 그것을 이겨내는 용감함과 불굴의 정신으로 난제에 직면해서도 옳은 행위를 하게 해주는 불굴성을 포함한다.

다섯 번째, 배려는 어떤 대상을 도와주거나 보살펴주려고 마음을 쓰는 것을 뜻하며, 자신의 이익만이 아니라 주변 사람들, 다른 생명을 지닌 존재들의 어려움에 대해 걱정하고 배려하려는 자세를 말한다.

여섯 번째, 공감은 다른 종류의 생각과 양식을 존중하고 인정하는 태도를 뜻하며, 다른 문화와 전통에 대한 존중을 포함한다.

일곱 번째, 소통은 사회적 불평등을 최소화함으로써 소외 계층이나 부문을 해소하고 개인에게는 행복한 삶을, 사회에는 나눔과 공동선을, 국가에는 복지와 번영을 추구하기 위한 창의성 발현에 이바지함을 뜻한다.

여덟 번째, 나눔은 개인이나 집단이 공통의 목적과 목표의 달성을 촉진하기 위해 활동을 결합하고 서로 도우면서 같이 일하는 것을 뜻한다.

아홉 번째, 긍정은 어떤 생각이나 사실 따위를 그러하거나 옳다고 인정하는 것을 뜻한다.

열 번째, 자율은 남의 지배나 구속을 받지 않고 자기가 세운 원칙에 따라서 스스로 규제하는 일을 뜻한다.

열한 번째, 절제는 감정이나 욕망을 알맞게 조절하여 제한하는 것을 뜻한다.

천세영 교수는 '인성 교육의 핵심 요소는 도덕성(정직, 책임)과 사회성(공감, 소통), 감성(긍정, 자율) 등 세 가지 차원으로 구분된다'고 했다. 도덕성은 다양한 윤리적 상황에서 중요한 핵심 가치가 무엇인지를 인식하고 판단하는 능력과 책임있는 의사 결정을 하는 능력을 뜻하고 사회성은 다양한 상황과 장소에서 타인의 생각, 감정, 관점을 이해·파악하고 타인과 긍정적인 관계를 형성·유지하고 소통하는 능력을 의미하며, 감성은 자신의 강점과 약점, 흥미, 능력 등을 파악하고 개인적 목표를 설정하며, 목표 달성을 위해 자신의 생각과 행동을 조절·실행하는 능력을 뜻한다.

정문성 교수는 '인성 교육의 핵심 요소는 '지(智)'의 덕목에 논리와 문제 해결, 분별, 의사 결정, 창의, 초인지, 판단, 통찰 등의 덕목 요소가 있고 '정(情)'의 덕목에 건강과 미, 생명, 자연애, 양심, 진실, 행복, 환경 등의 덕목 요소가 있으며, '의(意)'의 덕목에 겸손과 공감, 관용, 배려, 성실, 신뢰, 용기, 자기 통제, 자아 존중, 정의, 정직, 조화, 준법, 책임, 협동, 자신감 등의 덕목 요소가 있다'고 했다.

미국의 대표적인 인성 교육 기관인 조셉슨 연구소 Josephson Institute of Ethic는 '여섯 기둥 덕목 6 pillar virtues'을 제시했다. 첫 번째, '진실성 trust-worthiness'에는 정직하기와 속이거나 훔치지 말기, 믿을 만하기, 약속지키기, 옳은 일을 할 수 있는 용기 갖기, 좋은 평판 다지기, 가족과 친구 국가에 대해 충성하기 등이 포함된다. 두 번째, '존중 respect'에는 황금률에 따라 타인 존중하기, 차이를 관용하고 수용하기, 예의를 갖추고 나쁜 말을 쓰지 않기, 다른 사람의 감정을 고려하기, 위협하거나 때리거나 상처 입히지 말기, 화냄과 모욕, 반대에 평화롭게 대처하기 등이 포함된다. 세 번째, '책임 responsibility'에는 할 일을 다하기, 미리 계획하기, 끈기있게 해보기, 항상 최선을 다하기, 자기 통제하기, 자기 수양하기, 결과를 생각하고 행동하기, 책임있는 말과 행동, 태도 갖기, 좋은 모범을 보이기 등이 포함된다. 네 번째, '공정성 justice'에는 규칙대로 놀기, 차례를 지키고 공유하기, 열린 마음으로 경청하기, 다른 사람을 이용하지 않기, 다른 사람을 마구 비난하지 않기, 모든 사람을 공정하게 대하기 등이 포함된다. 다섯 번째, '배려 caring'에는 친절하기, 공감을 갖고 배려하기, 감사하기, 용서하기, 도움이 필요한 사람 돕기 등이 포함된다. 여섯 번째, '시민의식 citizenship'에는 학교와 지역 사회의 개선을 위해 동참하기, 협력하기, 지역 사회의 일에 참여하기, 사회 소식에 관심을 갖고 투표하기, 좋은 이웃되기, 법과 규칙 지키기, 권위를 존중하기, 환경을 보호하기, 자원봉사하기 등이 포함된다.

지금까지 살펴본 인성과 인성 교육의 개념 및 핵심 요소를 바탕으로 올바른 인성 교육의 방향을 정립해야 하는데, 2012년 9월에 인성 교육범국민실천연합에서 발표한 '인성 교육 비전 선언문'을 참고하면 도움이 될 것이다.

첫 번째, 추상적으로 제시되어 온 인성 덕목을 구체화하고 기존 지식 위주의 교육에서 실천·체험을 통해 역량을 키우는 학교 교육으로 재구성하겠습니다. 이를 위해 예술·체육 교육을 활성화하고 독서 교육을 강화하여 소통, 공감 능력을 향상시키겠습니다. 두 번째, 학생이 참여하는 자치 활동을 활성화하고 학생·교사가 함께 행복할 수 있는 학교 문화를 만들어 나가겠습니다. 이를 위해 언어 문화를 개선하고 주변 학생을 돌보는 위기 학생 대책을 수립하고 학생으로부터 신뢰받는 교사 문화를 만들겠습니다. 세 번째, 범사회적 캠페인을 통해 국민적 공감대를 형성하고 학교-가정-사회의 총체적 협력을 유도하겠습니다. 이를 위해 학생-학부모-교사가 서로 믿고 대화할 수 있는 유기적 협력 관계를 구축하고 모든 국민이 동참할 수 있는 다양한 인성 교육 프로그램을 개발하고 확산시키겠습니다. 네 번째, 우리 사회에 인성이 진정한 실력이라는 새로운 인재 패러다임을 정착시키겠습니다. 이를 위해 대학 진학 및 취업 시 인성 수준을 중요한 요소로 반영하는 제도를 마련하겠습니다.

인성 교육은 도덕이나 윤리 같은 일부 교과가 담당하는 일이 아니라 인지와 정서, 도덕성, 사회성, 감성 등의 조화를 바탕으로 인성 교육의 핵심 요소를 모든 교과에서 총체적으로 다루어야 하며, 가정과 학교, 사회에서 통합적으로 이루어져야 한다.

인성 교육의 방법과 사례

"능력 때문에 당신을 고용했지만 인성 때문에 당신과 일할 수
없습니다."

인성 교육은 포괄적 접근을 지속적으로 실천해야 긍정적인 효
과를 거둘 수 있다. 포괄적 접근이란 가정과 학교, 공동체 등에서 다
양한 교육 방법과 활동들이 폭넓게 적용되며, 인성 교육에서 다루어
야 할 교육 내용이 매우 다양하고 광범위하다는 것을 의미한다.

정창우 교수는 자신의 저서 『인성 교육의 이해와 실천』에서 포
괄적 접근 모형에 대해 다음과 같이 말하고 있다.

첫 번째, 교실에서는 중점 교과(도덕, 사회, 국어, 예체능)와 협
력 교과(가정, 영어, 수학, 과학)에서 교과 활동을 통한 인성 교육을 하
고 자율 활동과 동아리 활동, 봉사 활동, 진로 활동 등 교과 외 창의
적 체험 활동을 통한 인성 교육도 한다.

두 번째, 가정에서는 밥상머리 교육과 효 교육, 예절 교육, 부모의 모델링, 감정 코칭, 귀납적 훈육 등으로 인성 교육을 한다.

세 번째, 공동체에서는 청소년 인성 교육 지원을 위해 물적, 인적, 공간적 자원을 제공하고 민간 단체 및 기관의 우수 인성 프로그램을 보급하며, 청소년 유해 환경을 정화하기 위해 노력한다.

네 번째, 핵심 학습 주제는 정보윤리, 다문화, 인권, 국가 정체성, 생명 존중, 환경, 평화, 통일, 민주시민, 청렴, 반부패, 양성 평등, 효도, 경로, 전통윤리, 행복 등 다양하다.

다섯 번째, 활동 유형은 토의토론, 논술, 협동학습, 고전 탐구, 스토리텔링, 역할놀이, 프로젝트 학습 등 다양하다.

천세영 교수는 인성 교육 프로그램을 내용적 요소를 기준으로 도덕성과 윤리 등의 가치관 형성에 직접적으로 연결되는 프로그램, 사회성과 감성 능력 향상을 위한 프로그램, 관련 교과목의 교육과정에 통합하여 운영하는 프로그램으로 구분했고 방법적 요소를 기준으로 직접적인 교수 전략, 상호적인 교수/학습 전략, 가족 및 지역 사회 활동에의 참여, 학급/행동 관리 전략, 학교나 제도적인 기관, 모델링이나 멘토링, 지역 사회 봉사 활동이나 봉사 활동에 대한 학습, 직업 개발 등으로 나누었다.

학교에서의 인성 교육이 효과를 거두려면 다음과 같은 기본 원칙을 잘 지켜야 한다. 핵심 덕목과 인성 역량을 선정하고 교육과정을 제대로 구성해야 하며, 교과 교육을 통한 인성 교육에 중점을 두어야 하고 학교와 교실을 정의롭고 배려적인 공동체로 만들어야 하며, 학교장의 리더십이 발휘되어야 하고 모든 교사들이 인성 교육에 대한 책임을 공유하면서 학생들의 변화에 긍정적인 영향을 줄 수 있어야 하며, 가정과 공동체의 성원들을 충실한 협조자로 만들어야 하고 학생들의 자기 동기를 유발하는데 힘써야 하며, 학생들의 도덕적 행동을 위한 기회를 만들어줘야 하고 효과를 과학적으로 분석해서 그 결과를 다시 설계 과정에 투입해야 한다.

그렇다면 1990년대 초부터 인성 교육 운동이 시작된 미국에서는 어떻게 인성 교육을 하고 있을까? 지금부터 대표적인 인성 교육 프로그램을 살펴보자.

'인성 교육 파트너십 Character Education Partnership, CEP' 프로그램이 있다. CEP는 국가적 차원에서 미국 전 지역의 인성 교육 운동을 지원하고 주도하는 기관으로 워싱턴DC를 기반으로 미국 내 학교에서 효과적인 인성 교육을 진행하기 위해 헌신하는 비영리, 탈정치적, 탈종교적 개인 및 기관들의 연합체다. 예를 들어 초등학교에서 '교실 나누기'를 할 때 학생들에게 다른 사람과 다른 사람의 소유물을 존중하라는 룰을 제시하고 교실을 나눠 써야 하는 상황을 제시한 후 작은 그룹으로 나누어 역할극을 한다. 중학교에서 '우리 반영하기'를 할 때 강점, 지역 사회, 존중, 책임감, 친절, 시민 의식 등의 개념을 토론하면서 수업 분위기를 만든 후에 교실 안이나 전체 학교 안에서 다양한 형태로 수업을 진행한다. 고등학교에서 '시민의식 형성하기'를 할 때 그룹으로 나누어 지역 사회 문제에 대해 브레인 스토밍을 하고 어떻게 해결할 수 있을지 결정한다.

미국 인성 교육의 개척자 필립 핏치 빈센트 박사Dr. Philip Fitch Vincent는 이영숙 교수와 함께 쓴 『인성을 가르치는 학교 만들기』에서 다섯 가지 중요한 실천 사항을 제시했다. 첫 번째, 규칙과 질서로 예의 바른 학교를 만든다. 규칙과 질서가 잘 정립되어 있으면 학생들은 자신들이 해야 할 행동이 무엇인지, 어떻게 해야 하는지 알게 되며, 좋은 습관을 몸에 익히는 환경이 조성된다. 두 번째, 인성을 위한 협동 학습을 한다. 수업 시간에 함께 공부하면서 학생들은 서로 무엇인가 도움을 줄 수 있다는 사실을 알게 되고 협동하는 방법을 배우면서 공동 작업을 수행하기가 훨씬 수월해진다. 세 번째, 인성을 위한 사고력 교육을 한다. 학생들이 생각을 명료하게 하고 자신의 주장을 신중히 검토하며, 자기 논리의 일관성과 윤리적 투명성을 평가할 수 있느냐는 인성 교육을 위해 매우 중요한 사안이다. 네 번째, 인성을 위한 독서 교육을 한다. 훌륭한 문학 작품을 읽고 책에서 훌륭한 인성 사례를 만나며, 심도있는 토론을 한다면 인성 교육에 효과적이다. 다섯 번째, 인성을 위한 봉사 학습을 한다. 학교와 교사는 학생들에게 배려를 실천할 수 있는 기회를 만들어 줘서 어른들처럼 책임감을 갖고 주변의 세계와 연결할 수 있게 도와줘야 한다.

한편 하버드 대학교가 선정한 미국 최고 명문고 필립스 엑시터 아카데미 Philips Exeter Academy는 인성 교육을 통해 1%의 창의 인재를 양성하고 있다. 필립스 엑시터 아카데미는 수많은 인재를 배출했는데, 전미 도서상을 수상한 존 어빙, 영화 『조스』의 원작자 피터 벤츨리, 노벨 화학상 수상자 윌리엄 스타인, 필즈상 수상자 데이비드 멈포드, 연방 상원의원을 지낸 존 록펠러 4세, 국방부 장관을 지낸 로버트 링컨, 페이스북 설립자 마크 주크버그 등이 이 학교 출신이다. 최유진과 장재혁이 함께 쓴 『세계 최고의 학교는 왜 인성에 집중할까』에는 필립스 엑시터 아카데미의 인성 교육에 관한 자세한 내용이 소개되어 있다.

1781년에 존 필립스는 필립스 엑시터 아카데미를 세우며 재산 기부 증서에 이렇게 썼다.

"교사의 가장 큰 책임은 학생들의 마음과 도덕성에 주의를 기울이는 것이다. 지식이 없는 선함은 약하고 선함이 없는 지식은 위험하다. 이 두 가지가 합쳐서 고귀한 인품을 이룰 때 인류에 도움이 되는 토대가 될 수 있다."

필립스 엑시터 아카데미는 전인 교육과 인성 교육을 통해 학생들을 다른 사람들을 위해 살면서 세상에 유익함을 줄 수 있는 사람으로 성장시키는 것을 최고의 목표로 삼고 있다. 그래서 학생들에게 엘리트 주의와 우월감을 경계하고 배려와 봉사를 실천하도록 지도한다. 학생들 역시 모든 학교 생활에서 'Non Sibi(자신을 위하지 않는다는 뜻의 라틴어)'를 실천하는 것을 진정한 필립스 엑시터 아카데미 학생다운 행동으로 여긴다.

필립스 엑시터 아카데미는 '하크네스 테이블harkness table' 교육으로 더욱 유명해졌다. 이 교육의 특징은 학생들의 질문과 토론으로 수업을 이끌어 간다는 점이다. 비교적 답이 명확한 수학이나 과학 수업에서도 예외가 아니다. 학생들은 커다란 타원형 탁자에 둘러앉아서 토론을 하는데, 이 탁자를 하크네스 테이블이라고 부른다. 하크네스 테이블은 학교의 상징과 같다. 필립스 엑시터 아카데미의 학교신문 「엑소니안」은 가장 필립스 엑시터 아카데미다운 단어로 하크네스를 꼽으면서 다음과 같은 유머를 실었다.

"필립스 엑시터 아카데미 학생들에게는 간단한 질문을 해서는 안 된다. 질문만 하면 '우리 하크네스 해보자Let's Harkness it' 하고 물고 늘어지니까!"

하크네스는 정답보다 과정이 중요한 수업, 교사가 조연, 학생이 주연이 되는 수업을 가능하게 한다. 하크네스를 통해 학생들은 교사에게 이끌려가는 수동적 존재에서 배움과 생각의 주체로 바뀌고 매시간 알찬 발표를 위해 교과서를 읽고 예습하면서 스스로 공부하는 힘을 기르게 된다. 교사도 학생들의 창의적이고 즉각적인 물음에 늘 대비해야 하므로 더욱 철저한 수업 준비를 하게 된다.

하크네스를 통한 토론 수업은 특히 인성 교육에 아주 효과적이다. 토론을 전투처럼 인식해서 다른 학생들을 이기려 드는 하크네스 워리어 같은 학생은 존중과 배려, 협력을 통해 함께 배워 나가는 가치를 깨닫게 되고 문화나 성격의 영향으로 내성적이고 수동적인 학생은 교류와 소통의 가치를 알게 되며, 질문과 답변을 통해 자신의 부족함을 인정하고 배움이라는 큰 목표를 향해 함께 나아가면서 늘 배움 앞에 겸손하게 된다.

필립스 엑시터 아카데미는 지성만을 갖춘 인재를 원하지 않는다. 학생들은 감성을 키우는 예술 수업으로 정서를 가다듬고 자신을 단련하는 체육 수업으로 건강한 신체를 만든다. 이를 통해 각자의 재능에 몰입하면서 지성과 감성, 체력이 조화를 이룬 전인적 인간으로 성장한다. 오케스트라와 밴드, 실내악 등의 음악 활동을 통해서 감정 이입과 정서 함양, 창의력, 대인 관계 능력, 노력의 중요성 등을 배우면서 새로운 경험을 하게 되고 조정과 라크로스 등 체육 활동을 통해서는 리더십과 자신감, 규칙 준수, 다른 이에 대한 헌신 등을 배워가면서 건강한 몸과 마음이 균형을 이루는 조화로운 삶을 배우게 된다.

음악과 체육에 열정을 뿜어내는 학생들은 대부분 학과목에서도 좋은 결과를 보여준다. 건강한 정신과 육체를 바탕으로 학습 능력이 향상되고 학업에 대한 스트레스를 풀 수 있으며, 한 가지에만 갇혀있지 않고 다양한 분야를 접하면서 학과 공부에도 도움이 되기 때문이다. 필립스 엑시터 아카데미 학생들은 예체능 활동을 통해 바른 인생관과 체력, 자신이 좋아하는 분야에 대한 열정이 건강하게 균형을 이루는 경험을 통해 행복한 어른으로 성장하게 된다.

필립스 엑시터 아카데미 학생들은 함께 울고 웃는 기숙사 생활을 통해 공동체 정신을 바탕으로 타인과 살아가는 법을 배우고 자신을 관리하는 힘도 기른다. 지역 입양아들과 연대 맺기, 동네 양로원 찾아가 말동무 해드리기, 초중학교 아이들을 찾아가 학습지도 하기, 어린이집에서 아이들과 놀아주기, 버려진 동물들을 돌보는 기관에서 봉사하기, 해외 봉사 활동을 홍보하고 기금 마련하기 등 다양한 봉사 활동과 지역 사회와 교류하는 활동을 통해 세상과 호흡하는 방법도 배운다.

필립스 엑시터 아카데미 학생들은 자신의 이익보다 타인과 사회를 위하는 'Non Sibi' 정신을 갖춘 인재가 되기 위해 토론과 협력 수업으로 함께 배우고 자신의 시간과 재능을 다른 사람들과 나누며 공존의 의미도 아울러 배우고 있다. 앞으로 필립스 엑시터 아카데미에서 어떤 인재들이 배출될지 무척이나 기대가 된다.

독서를 통한 진로와 인성 교육 – 진로 독서, 인성 독서

제 4 장

인성 독서의 이해

독서를 통한
인성 교육의 중요성

"20세기에는 놀이를 통해 인성을 배웠고 21세기에는 독서와 토론을 통해 인성을 배운다."

인성 독서란 독서를 통해 인성을 계발하는 활동을 의미한다. 천세영 교수는 자신의 논문「인성 교육 비전 수립을 위한 정책연구」에서 '독서와 토론을 통해 학생들은 자신에게 닥친 어려운 시간들을 이겨내고 한 걸음 더 나아갈 용기를 배울 수 있다. 독서와 토론을 통해 공감하고 소통하는 방법을 배우며 자란 청소년들은 상호 이해와 공존이 가능한 사회, 갈등을 싸움이 아닌 화해로 이끌어 나가는 사회를 만들어 나갈 수 있다'고 하면서 독서를 통한 인성 교육이 중요하다고 했다.

이영숙 교수는 자신의 저서『인성을 가르치는 학교 만들기』에서 '좋은 인성을 계발하는 데 있어 책을 읽는 것이 중요한 이유는 학생들이 무엇을 읽고 어떻게 독서 교육을 받느냐가 훌륭한 인성을 키워 가는데 영향을 미치기 때문이다. 특히 깊이가 있는 문학 작품을 많이 읽어야 한다. 위대한 글은 인간의 고뇌와 성공, 강점과 약점, 선과 악을 조명해 줌으로써 그 글을 읽고 행동과 환경, 결과를 생각해 보게 되기 때문에 우리를 인간답게 만든다. 독서를 통해 학생들은 책의 구성과 언어를 감상하는 능력을 개발할 뿐만 아니라 문학성과 이야기를 즐기며 사회적, 도덕적 문제까지 생각할 수 있어야 하므로 교사와 부모는 그에 맞는 책을 선정하고 제시해야 한다'고 하면서 인성 독서의 중요성을 강조했다. 그렇다면 독서와 토론 활동이 어떻게 인성 교육에 도움이 될까? 일반적으로 인성 독서라고 하면 정직과 용기, 소통 등 인성 교육의 핵심 요소를 주제로 하는 책이나 관련 위인 전을 읽고 독후감을 쓴다. 물론 책을 읽는 것만으로도 인성을 계발하는데 도움이 되겠지만 토론하는 과정에서 인성의 핵심 요소를 자연스럽게 접하도록 해서 인성을 키우는 것이 더욱 중요하다.

앞서 한국교육개발원은 인성의 핵심 요소를 개인적 덕목으로서 정직과 성실, 책임, 용기, 사회적 덕목으로서 배려와 공감, 소통, 나눔, 감성적 덕목으로서 긍정과 자율, 절제를 꼽았다고 했다. 독서 토론을 하는 과정에서 이런 인성 요소들이 어떻게 계발될 수 있는지 자세히 살펴보자.

첫 번째, 정직은 마음에 거짓이나 꾸밈이 없이 바르고 곧음을 뜻하며, 사회질서의 유지만이 아니라 자기 자신을 위해서도 꾸밈이 없다는 의미다. 독서 토론을 하면서 경험 나누기를 할 때 자신의 생각과 마음을 솔직하게 표현하면서 정직의 덕목을 배우게 된다.

두 번째, 성실은 정성스럽고 참되어 거짓이 없다는 뜻이며, 공동체 구성원들의 행복을 위해 자신이 산출해 낸 올바른 결과물이나 대안이 외부의 압력이나 유혹에 흔들리지 않고 실행해 나가는 덕을 의미한다. 스티븐 코비의 '7Habits'에 따르면 성실은 타인뿐만 아니라 자신과의 약속을 잘 지키는 것을 의미하므로 독서 토론을 하면서 '친구들과 유익한 시간을 보낸다', '언제까지 책을 다 읽어야한다'는 약속을 지키면서 성실의 덕목을 배우게 된다.

세 번째, 책임은 맡아서 해야 할 임무나 의무 또는 행위의 결과에서 생기는 손실이나 제재를 받는 일을 뜻한다. 독서 토론을 하려면 책을 읽어 와야 하고 경청하는 자세를 가져야 하며, 적극적으로 토론에 참여해야 하는데, 토론 참여자로써의 역할에 충실하면서 책임의 덕목을 배우게 된다.

네 번째, 용기는 두려움이 없는 상태가 아니라 두려움에도 불구하고 도전하는 자세를 뜻하며, 고통과 위험에 직면해서 그것을 이겨내는 용감함과 불굴의 정신으로 난제에 직면해서도 옳은 행위를 하게 해주는 불굴성을 포함한다. 독서 토론을 처음 시작할 때, 자신의 생각을 말이나 글로 표현할 때 누구나 용기가 필요하다. 독서 토론에 참여한다는 자체가 용기다.

다섯 번째, 배려는 어떤 대상을 도와주거나 보살펴주려고 마음을 쓰는 것을 뜻하며, 자신의 이익만이 아니라 주변 사람들, 다른 생명을 지닌 존재들의 어려움에 대해 걱정하고 배려하려는 자세를 말한다. 독서 토론을 하면서 낭독할 때 말을 더듬는 학생이 천천히 읽더라도 조용히 기다려 주는 것, 실수나 잘못된 행동을 했을 때 놀리거나 나무라지 않고 감싸주는 것 등을 통해 배려의 덕목을 배우게 된다.

여섯 번째, 공감은 다른 종류의 생각과 양식을 존중하고 인정하는 태도를 뜻하며, 다른 문화와 전통에 대한 존중을 포함한다. 독서 토론을 하면서 의견을 조율하는 토의를 할 때가 많고 아시아와 유럽, 아프리카, 북미와 남미 등 다양한 문화와 환경을 접할 수 있는 책도 많이 읽게 되므로 공감의 덕목을 배우게 된다.

일곱 번째, 소통은 사회적 불평등을 최소화함으로써 소외 계층이나 부문을 해소하고 개인에게는 행복한 삶을, 사회에는 나눔과 공동선을, 국가에는 복지와 번영을 추구하기 위한 창의성 발현에 이바지함을 뜻한다. 독서 토론을 하면서 자신뿐만 아니라 타인도 함께 행복하기 위해 노력했던 위인이나 성공인들의 사례를 접하면서 소통의 덕목을 배우게 된다.

여덟 번째, 나눔은 개인이나 집단이 공통의 목적과 목표의 달성을 촉진하기 위해 활동을 결합하고 서로 도우면서 같이 일하는 것을 뜻한다. 독서 토론을 하면서 토론 리더는 리더대로 참여자는 참여자대로 토론이 원활하게 이루어지기 위해서 자신이 맡은 역할에 충실하게 되는데, 이를 통해 나눔의 덕목을 배우게 된다.

아홉 번째, 긍정은 어떤 생각이나 사실 따위를 그러하거나 옳다고 인정하는 것을 뜻한다. 독서 토론은 정답을 찾는 것이 아니라 사고력을 향상시키기는 것이 목표이므로 '어떤 의견도 다 옳다, 틀린 것이 없다'라고 인정해 주는데, 이를 통해 긍정의 덕목을 배우게 된다.

열 번째, 자율은 남의 지배나 구속을 받지 않고 자기가 세운 원칙에 따라서 스스로 규제하는 일을 뜻한다. 독서 토론을 하면서 토론 리더는 어떤 식으로 토론을 진행하겠다는 원칙 하에 자기 나름대로 준비해서 진행하는 과정에서 토론 참여자는 자기들끼리 상의해서 질문을 만들고 뽑는 과정에서 자율의 덕목을 배우게 된다.

열한 번째, 절제는 감정이나 욕망을 알맞게 조절하여 제한하는 것을 뜻한다. 독서 토론을 하면서 토킹 스틱이라는 도구를 사용하는데, '토킹 스틱을 가진 사람만 말할 수 있고 다른 사람은 절대 끼어들거나 참견하거나 질문하지 않는다'는 규칙 때문에 자연스레 절제의 덕목을 배우게 된다.

독서 토론은 다양한 지능을 종합적으로 계발하는 데도 효과적이다. 하버드대학교 심리학과 하워드 가드너 교수는 '인간은 IQ와 같은 한 가지 지능만 갖고 있는 것이 아니라 다른 여러 지능이 있다'고 주장하면서 '다중지능이론'을 발표했다. 그의 이론에 따르면 인간의 지능은 지성 지능(IQ/언어 지능과 논리 수학 지능), 감성 지능(EQ/음악 지능과 시각 공간 지능, 신체 운동 지능, 자연 친화 지능), 인성 지능(HQ/대인 관계 지능과 자기 성찰 지능)으로 나누어진다.

독서 토론을 하게 되면 말하기와 듣기, 읽기, 쓰기 등 종합적인 의사 소통 능력을 키울 수 있고 독해력과 이해력, 사고력을 향상시킬 수 있으므로 지성 지능을 향상시키는데 효과적이다. 그리고 비언어 활동으로 하는 역할극이나 노래, 그림, 몸으로 표현하는 예체능 활동, 산책이나 숲 체험 등 야외 활동, 연극이나 영화, 뮤지컬 등 문화 활동을 통해 감성지능을 키울 수 있다. 또한 커뮤니케이션 능력을 바탕으로 리더십을 향상시키면서 대인관계 지능을 발달시키고 필사와 비판적 글쓰기, 소감 나누기를 통해 스스로를 되돌아보면서 자기 성찰 지능을 계발하면서 인성 지능을 향상시킬 수 있다. 최근에 아홉 번째 지능으로 영성 지능이 추가되었는데, 영성 지능은 사회적인 공동선을 추구하거나 사회에 기여하고자 하는 능력이다. 영성은 종교적 차원의 문제만이 아니라 신념의 문제이므로 성공적인 위인들의 삶을 보며 그들의 스토리를 통해 영성 지능을 향상시킬 수 있다. 살펴본 바와 같이 독서는 인성 교육뿐만 아니라 다중 지능 교육에도 아주 효과적이다. 대략적인 것만 살펴봐도 이렇게나 좋은 점이 많은데, 앞으로 교육 현장에서 다양한 인성 독서 프로그램이 운영된다면 더욱 다양한 효과를 찾게 될 거라 기대한다.

미국의 인성 독서 사례 :
GBF Great Books Foundation, CFL Center for Learning

우리나라에서는 인성 독서라는 말이 조금은 생소하지만 미국에서는 이미 수 십 년 전부터 다양한 프로그램을 통해 인성 독서를 교육 현장에 적용해서 효과를 보고 있다. 미국의 대표적인 인성 독서 프로그램을 함께 살펴보자. 먼저 독서가 인성에 어떤 영향을 미치는지부터 알아야 한다. 마리베쓰 밴더 윌Maribeth Vander Weele이 쓴 『Reclaiming Our Schools』이란 책에서 케빈 라이언Kevin Ryan은 우화와 철학, 종교, 소설 같은 훌륭한 이야기들이 청소년들의 인성계발을 도울 수 있다면서 다음과 같이 말한다.

"청소년들은 독서를 통해 참으로 많은 인성 요소를 배운다. 첫 번째, 선하거나 악한 사람의 삶을 지성과 감성으로 이해하고 무엇이 사람을 그렇게 행동하게 만들었는지를 배운다. 두 번째, 이야기에 나온 인물을 통해 인간의 타고난 정의와 동정, 탐욕과 잔인성을 이해한다. 세 번째, 남에게 버림받은 삶에 대해 동정한다. 네 번째, 이야기의 영웅이나 악당의 삶을 보면서 인생의 도덕적 요소와 이상을 더 잘 이해하고 느끼게 된다. 다섯 번째, 이야기에 나오는 인물들의 삶을 간접 경험하면서 도덕적 상상력과 민감성을 기른다. 여섯 번째, 작품이나 역사 속의 이야기나 등장 인물에 대한 깊은 식견을 갖게 된다. 일곱 번째, 학생들의 실제 행동에 지침이 될 도덕적인 본보기를 많이 가지게 된다."

미국의 대표적인 인성 독서 프로그램으로써 'GBF Great Books Foundation의 주니어 양서 프로그램'이 있다. 이 프로그램의 목적은 학생들에게 훌륭한 문학 작품을 읽게 하고 질문을 바탕으로 토론하는 활동에 참여시켜서 생각하는 법을 가르치며, 유식하고 책임감 있는 유능한 시민으로 길러내는 것이다. 의미있는 사상들을 지적으로 탐구하는 과정을 통해 인성 계발을 촉진시킬 수 있다고 본다. 주로 초등학생부터 고등학생까지를 대상으로 하는데, 초등학교 저학년은 교사가 큰 소리로 읽어 주고 초등학교 고학년과 중고등학생들은 스스로 읽는다.

주니어 양서 프로그램의 특징은 좋은 책을 선정하는 기준과 토론식 질문법에 담겨 있다. 좋은 책을 선정하려면 확장 해석과 토론이 가능할 것, 진지한 질문을 가질 수 있을 것, 분량이 너무 길지 않아서 두 번 이상 읽을 수 있을 것, 연령에 맞을 것 등 네 가지 기준을 충족해야 한다. 토론식 질문법의 핵심은 해석적 질문인데, 본문 속의 어떤 이슈에 대해 두 가지 이상의 답변을 할 수 있도록 만들어진 질문이다. 학생들은 해석적 질문에 대한 자신의 의견을 뒷받침하기 위해 본문 안에서 근거를 찾아야 한다. 해석적 질문은 지적인 인내심과 문학에 대해 주의 깊게 생각하는 습관을 길러준다.

주니어 양서 프로그램의 효과는 다음과 같다. 첫 번째, 훌륭한 문학 작품을 읽고 깊이 사고하면서 인성 계발이 촉진된다. 두 번째, 책을 읽고 난 후에 토론하는 과정을 통해 다른 학생들의 의견을 생각하고 또 생각하는 방법을 배울 수 있다. 세 번째, 다양한 개성과 성향을 가진 학생들이 한 그룹으로 모이면서 이해력과 통찰력이 향상된다. 네 번째, 어려운 질문이나 쟁점에 대해 논의하면서 지적 활동의 즐거움을 경험할 수 있다. 다섯 번째, 토론이 정기적으로 지속되면서 학생들의 이해력과 사고력이 점차 크게 향상된다.

미국의 인성 독서 프로그램으로써 'CFL Center for Learning의 가치 중심 독서 프로그램'도 주목할 만 하다. 이 프로그램은 '보편적 가치를 학습 자료에 담아 학생들이 다원주의 사회에 꼭 필요한 존재이자 배려하는 존재로 자라도록 이끈다'는 것을 목표로 한다. 위대한 문학 작품에 근거한 학습 자료를 개발·출간하여 교사들이 핵심 가치를 교육하거나 강화하는데 사용하도록 한다. 이 기관에서 출간한 책에는 학생들의 인성과 동기, 결과에 대한 사고와 추론 능력을 길러주기 위해 고안된 다양한 활동이 포함되어 있어서 학교가 특정 가치를 강조한 책을 쉽게 고를 수 있다. 핵심 디렉터가 커리큘럼의 전체를 통일성 있게 개괄해주며 센터 포 러닝이 선정된 책을 바탕으로 주제/문화적 배경, 윤리적 가치, 학습활동을 제시한다.

인성 독서를 통해 학생들의 인성을 효과적으로 계발하려면 다음과 같은 것들이 필요하다. 첫 번째, 교사와 부모들은 사부동행위원회를 구성하여 토론을 통해 목표한 가치를 가르치는 데 적합한 책을 선정하고 지속적으로 업데이트 한다. 두 번째, 선정 도서 목록은 학년별로 정해주되, 학년이 올라가도 같은 책이나 단편을 반복해서 읽는 일이 없도록 체계적으로 구성해야 한다. 세 번째, 책은 중요한 쟁점을 다루되 학생들의 읽기 능력에 적합해야 한다. 고전과 현대, 국내와 해외 작품을 고르게 포함시키고 각 책에는 역사적, 철학적 관점을 보여주는 서평이나 소개를 간단히 첨부한다. 네 번째, 단순히 좋은 책을 읽고 질의응답을 하거나 독후감을 쓰는 것으로는 좋은 인성을 키우기에 부족하므로 토론과 비판적 글쓰기를 통해 작품 깊이 들어가야 한다. 다섯 번째, 원활한 토론과 글쓰기 수업을 위해 교사들이 토론 기술을 습득할 수 있도록 체계적인 훈련이 제공되어야 한다. 인성 독서 프로그램을 통해 좋은 책을 읽고 토론하면서 위대한 사상을 접하는 것은 정신적 삶의 문을 여는 것과 같다. 이런 경험은 학생들에게 현실을 초월한 가능성의 세계로 들어가게 한다. 아이들의 미래를 위해 이 보다 더 좋은 선물은 없을 것이다.

한국의 인성 독서 사례 :
NIE 인성 독서, 인성 콘서트

정문성 교수는 자신의 저서 『신문으로 하는 인성교육』에서 'NIE 인성 독서'를 소개하면서 다음과 같이 말한다.

"인성 교육에서 신문을 활용하려는 취지는 명백하다. 신문은 우리 생활 그 자체를 다루기 때문이다. 신문은 우리의 삶을 그대로 담고 있기 때문에 인성 교육의 핵심 요소가 대부분 드러나 있다. 특히 삶에서 선별된 모습을 담고 있기에 더욱 적나라하게 인성 요소가 녹아 있다. 신문은 사실과 이야기, 사진, 삽화, 그래프, 도표 등이 종합적으로 포함된 '살아있는 교과서'이기 때문에 인성 교육을 위한 도구로써 아주 효과적이다."

NIE 인성 독서 프로그램은 다음과 같은 순서로 진행된다. 먼저 신문 기사에서 인성 교육 핵심 요소를 하나 뽑아서 주제로 정한다. 예를 들어 증권사 사장이 대학생 대상으로 특강을 하면서 박지성과 김연아, 자녯 리의 열정과 끈기를 강조했다는 기사에서는 '성실'이라는 키워드를 뽑아낼 수 있다. 기사 내용을 참고해서 박지성과 김연아, 자넷 리가 선수로서 어떤 어려움을 겪었고 이를 어떻게 극복했는지 정리한다. 세 선수의 공통점을 하나의 낱말로 정의해서 가운데에 쓰고 나머지 칸에 이들이 어떤 마음과 자세를 갖고 실천했는지 다른 기사를 참고해서 쓴다. 책임과 봉사, 규칙 준수 등 성실과 깊은 관계가 있는 것들에 대해 생각해 본다. 세계적인 발레리나 강수진의 발을 보고 고은 시인이 감동적인 시를 지은 것처럼 인터넷에서 성공한 사람들의 성실한 삶을 보여주는 사진을 찾아 시를 지어 본다. '성실한 나'를 만들기 위해 목표와 실천 항목, 실천 내용과 구체적인 방법을 정리해 본다.

장애인에게 알맞은 일자리를 배정해서 성실하게 일할 수 있도록 한 종이상자를 만드는 기업과 관련된 기사에서도 '성실'이라는 키워드를 뽑아낼 수 있다. 기사 내용을 참고해서 지적장애인, 청각장애인, 지체장애인, 시각장애인 등으로 구분하고 장애에 따라 알맞은 일과 그 이유를 정리해 본다. '토끼와 거북이' 이야기의 줄거리를 간단하게 정리해 본다. '토끼와 거북이' 이야기의 줄거리를 이 회사에서 성실하게 근무하는 장애인들에 비유해서 정리해 본다. 장애인이 성실하게 일하도록 하기 위해 장애인 가족과 기업, 정부는 어떤 노력을 해야 하는지 생각해 본다. 자신의 분야에서 성실하게 일한 사람을 세명 뽑고 그 사람을 칭찬하는 말을 간단하게 써본다. 성실한 생활을 위해 갖추어야 할 것을 몇 가지 생각해서 적는다.

앞서 소개한 인성 교육의 핵심 요소를 바탕으로 신문을 읽으면서 핵심 주제와 키워드를 정한 다음에 기사와 관련된 다양한 활동을 하는 것이 NIE 인성 독서 방식이다. 가능하면 관심과 호기심, 적극적인 참여를 유도하기 위해 정치·경제·사회·문화 현안이나 이슈와 관련된 기사를 선택하는 것이 바람직하다.

『십대를 위한 인성 콘서트』를 함께 쓴 네 명의 현직 중고등학교 선생님들은 열 가지 인성 이야기를 통한 인성 독서를 소개하면서 다음과 같이 말한다.

"참 행복은 조건에 있지 않다. 행복할 수 있는 마음가짐, 즉 사람됨이 갖춰져야 우리는 행복할 수 있다. 사람됨을 다른 말로 '인성'이라고 한다. 사람됨을 찾아가고 사람답게 사는 법을 배우는 과정을 통해 우리는 성장하고 발전하게 된다. 나의 성장과 발전이 우리의 성장과 발전이 될 때 모두가 행복해질 수 있다. 인성 콘서트를 통해 우리 모두가 행복해질 수 있는 열쇠를 찾아보자."

인성 콘서트에서 가장 인상 깊었던 주제는 '배려'였다. 주제와 관련해 오 헨리의 단편 소설 『마녀의 빵』이 소개되었는데, 허름한 옷차림의 한 남자가 매일 싸구려 묵은 빵을 사가자 주인은 안타까운 마음에 버터를 듬뿍 넣어 포장해 주었다. 그런데 잠시 후 빵집에 다시 나타난 그 남자가 주인에게 "이 마녀같은 여자야!"라며 욕을 하고 사라졌다는 내용이다. 알고 봤더니 그 남자는 건축 설계사였고 시청 신축 설계 공모전에 낼 설계도를 그리고 있었는데, 연필로 그린 설계도를 지울 때 묵은 빵을 사용해 왔다. 그런데 주인이 빵에 버터를 넣는 바람에 설계도가 엉망진창이 되어 화가 났던 것이다.

배려에는 자기중심적인 배려와 상대방의 입장에서 충분히 생각해 보고 상대가 진정으로 원하는 것을 베푸는 배려가 있다. 빵집 주인은 남자가 필요로 하는 것이 무엇인지 알아보기 전에 도와주고 싶은 마음만 앞서서 자기중심적인 배려를 하게 되었고 결국 상대방을 화나게 만들었다. 누군가를 배려하거나 누군가로부터 배려를 받고 싶을 때 '마녀의 빵' 이야기를 떠올리면서 진정한 배려란 어떤 것인가를 생각해 본다면 서로 기분이 좋은 배려가 될 것이다.

이 책에는 배려와 관련해 김애란의 소설 『두근두근 내 인생』도 소개한다. 어린 부모와 조로증에 걸린 가장 늙은 자식의 삶과 사랑에 관한 이야기인데, 줄거리만 봐도 가슴이 뭉클해진다. 주인공 아름이와 가족들은 자식이 부모보다 일찍 죽어야 한다는 슬픔 앞에서 서로의 마음을 배려한다. 아름이는 아름이 대로, 부모님은 부모님 대로 서로의 앞에 놓여 있는 아픔이 너무나도 크다는 것을 잘 알기에 상대의 마음을 우선적으로 더 많이 배려하는 것이다. 상대에게 할 수 있는 최선의 노력으로 온전히 배려하기에 아름이네 가족들은 안타까운 현실을 담담히 받아들이면서 미래를 준비하고 상처를 최소화 하기 위한 노력을 할 수 있었다.

배려를 주제로 한 두 권의 책 이야기를 바탕으로 생각을 키우기 위한 몇 가지 질문이 제시된다. 첫 번째, 내가 생각하는 진정한 '배려'란 무엇인지 적어 본다. 두 번째, 최근에 받았던 배려 중 가장 기억에 남는 경험을 적어 본다. 세 번째, 최근에 가족이나 친구를 위해 무언가를 베풀었던 구체적인 경험이 있다면 적어 본다. 네 번째, '토끼와 거북이'의 이야기를 각색해서 배려하는 토끼와 거북이를 주인공으로 새로운 이야기를 만들어 본다.

책에서 소개한 배려와 소통, 공감, 감사, 존중, 책임감, 정직, 인내, 온유한 성품, 자기 조절 등 열 가지 인성은 한 사람의 삶 속에서 통합적인 형태로 나타난다. 인성은 각자의 마음 속에 씨앗처럼 묻혀 있어서 물을 어떻게 주느냐에 따라 다른 모습으로 자란다. 따라서 아름다운 꽃이 활짝 피어나 탐스러운 열매가 맺힐 수 있도록 인성 씨앗을 잘 가꾸어야 한다.

절제하는 마음 키우기 : KET 한국형 하브루타 7키워드 인성 독서

인성 독서는 전혀 새로운 분야다. 독서도 지겨운데, 거기다 인성 독서라고 하면 학생들은 고개부터 내젓고 본다. 우선 인성 교육이라는 말 자체가 학생들에게는 거북하게 들린다. 그러므로 수업 시간에는 인성을 교육 한다는 느낌을 주지 않는 것이 중요하다. 되도록 인성 교육이라는 용어를 전면에 드러내지 않고 독서와 토론을 통해 자연스럽게 인성이 계발되도록 하는 것이 중요하다.

ZINBOOK 독서 토론은 앞서 말 한 대로 독서 토론 과정 자체가 정직, 성실, 책임, 용기, 배려, 공감, 소통, 나눔, 긍정, 자율, 절제 등의 인성 요소로 되어 있어서 2013년에 교사 동아리 '아고라북(회장 양미현)'이 교육부 선정 인성 교육 우수 동아리로 선정 된 바 있다.

『마시멜로 이야기』 인성 독서 수업은 한국교육개발원이 뽑은 인성의 열한 가지 핵심 요소 중에서 감성적 덕목 중의 하나인 절제라는 요소를 매우 심도 있게 내면화 하는데 도움이 된다. 절제하는 마음을 키우기 위해 책 제목처럼 마시멜로 혹은 초콜렛 등의 강화물을 준비한다. 우선 즐거운 수업 분위기를 위해 맨 먼저 주제와 관련 된 다양한 스팟으로 집중력을 높인다.

2차시 수업을 기본으로 구성해 보면, 본격적인 독서 토론에 앞서 독서 토론의 가치와 효용성에 대해 30분 정도 강의를 한다. 딱딱한 이론 전달이나 일방적인 강의가 아니라 독서 토론에 즐겁게 임할 수 있도록 재미있는 내용과 동기 부여가 되는 활동을 준비한다. 넌센스 퀴즈나 초성 퀴즈, 선생님과 관련된 유머 퀴즈 등으로 마음을 열면 좋다. 강의 초반에 아이들이 맘껏 웃고 집중할 자세를 갖게 만들면 그 다음 이어지는 수업에 대해 호기심을 갖고 참여하게 하는 동기 부여가 된다.

초반 마음 열기가 성공적으로 되고 나면 인성 요소 중 절제와 관련된 영상을 보여준다. 아이들이 좋아하는 김연아 선수의 멋진 경기 장면과 엉덩방아 찧고 괴로워하는 장면을 번갈아 보여준다. 그리고 나서 자유롭게 김연아 선수가 성공한 비결이 뭘까를 묻는다. 아이들이 다양한 대답을 하면 칠판에 받아 적고 답변한 아이들에게 칭찬을 해주고 토론을 시작한다.

본격적인 토론을 시작하기에 앞서 준비해 간 마시멜로나 초콜렛을 조별로 나누어 준다. 독서 토론이 끝날 때 까지 한 명도 먹지 않고 기다리는 조에게는 상으로 인원 수대로 더 줄 것을 약속한다. 그리고 나서 ZINBOOK 독서 토론의 7키워드에 대해 간단히 소개한다. ZINBOOK 독서 토론이 왜 '한국형 하브루타'인지 설명하고 유대인의 성공 비밀 하브루타에 관해 간단히 언급하는 것이 좋다. 그리고 독서 토론을 통해 어떤 성품들을 기를 수 있을지 함께 자유롭게 이야기 한다.

ZINBOOK 7키워드 독서 토론을 하기 위해 세 가지 토론 규칙을 설명해준다. 첫 번째, 책을 읽은 사람만 토론에 참여 가능하다. 두 번째, 책에 있는 내용에 관해서만 이야기 한다. 세 번째, 토킹 스틱을 이용해 경청을 한다. 다섯 명 내외를 한 조로 해서 학생들을 조별로 나누고 토론리더 선서식을 한 후에 본격적으로 7키워드 조별 독서 토론을 한다. 7키워드는 '낭독-경험-재미-궁금-중요-메세지-필사'로써 진로 독서를 할 때와 같은 방식으로 진행하면 된다.

7키워드 독서 토론이 끝나고 나면 그때까지 마시멜로를 먹지 않고 참은 팀에게 상을 준다. 그리고 나서 맛있게 마시멜로나 초콜렛을 먹게 한다. 그런 다음 마시멜로 실험 동영상을 보여준다. 영상은 마시멜로 실험에 참가한 600여명의 어린이들 중 100명의 어린이들을 추적해 그들의 삶이 서로 엇갈리는 놀라운 결과를 보여준다. 마시멜로를 먹지 않고 참았던 어린이들이 자기 의지로 보상을 참아냈던 (절제) 능력이 성적만이 아니라 또래 관계도 좋게 했고 스트레스 관리 능력도 뛰어나게 해 결국 큰 성공을 이끌어내는 중요한 능력이 되었음을 보여준다.

마무리로 오늘 '마시멜로 이야기 독서 토론'에서 느꼈던 점을 나눈다. 그리고 나서 자신의 성공적인 미래를 상상하면서 지금 내가 참아야 할 마시멜로 유혹이 무엇인지 적어 보게 하고 마시멜로 유혹을 잘 참아낸 자신의 20년 후 미래 일기를 작성하고 발표한다.

ZINBOOK 7키워드 독서 토론 방식은 교육 현장에서 효과적인 독서 수업을 하기 위한 플랫폼의 역할을 한다. 플랫폼platform은 원래 단상이나 무대를 의미했으나 컴퓨터 시스템의 기반이 되는 하드웨어 또는 소프트웨어, 응용 프로그램이 실행될 수 있는 기초를 이루는 컴퓨터 시스템을 의미하는 말로 바뀌었다. 최근에는 기차 정거장처럼 서로 필요로 하는 둘 이상을 이어주거나 수많은 기업과 사용자가 관계를 형성하고 비즈니스적인 거래를 형성할 수 있는 시스템, 누구나 참여하여 원하는 일을 자유롭게 할 수 있도록 구축된 환경, 참여자들 모두에게 새로운 가치와 혜택을 제공해줄 수 있는 시스템 등을 의미하는 말로도 쓰인다. 'www'이나 포털 사이트(다음, 네이버), SNS 메신저(카카오톡, 라인) 등이 대표적인 플랫폼이다.

ZINBOOK 7키워드 독서 토론 방식을 플랫폼으로 해서 교과 관련 책으로 토론을 하면 교과 독서가 되고 교양에 도움이 되는 책으로 토론을 하면 교양 독서가 되며, 진로 탐색을 위한 책으로 토론을 하면 진로 독서, 인성 요소를 함양하기 위한 책으로 토론을 하면 인성 독서, 인문학적 소양을 기르기 위한 책으로 토론을 하면 인문학 독서가 된다.

ZINBOOK 7키워드는 비단 책을 읽고 토론하는 것에만 국한되지 않는다. 영화나 연극, 뮤지컬 등 공연을 보고 나서 토론을 할 때도 적용할 수 있고 음악회나 미술 전시회, 예술품 전람회 등에 참여하고 난 후 토론을 할 때도 적용이 가능하며, 소풍이나 여행, 답사, 체험 학습, 봉사 활동 등 다양한 형태의 활동에도 적용할 수 있다. ZINBOOK 7키워드 플랫폼 하나면 언제 어디서든 이야기꽃이 활짝 피어나게 될 거라 믿는다.

독서를 통한 진로와 인성 교육 – 진로 독서, 인성 독서

제 **5** 장

독서 교육의 이해

발달 단계에 따른
독서 지도 방법의 이해

독서 교육에 대해 알아보기 전에 먼저 책의 역사부터 살펴보자. 책은 사람이 책의 역할을 하면서 이야기와 노래 등으로 구전하던 '구전시대'에서 조개문자, 매듭문자, 칼자국문자 등 다양한 물건으로 표시하던 '물건문자 시대 memory stage'를 지나, 모든 사람이 이해할 수 있는 기호로 약속하던 그림문자 시대를 거쳐서, 동굴이나 점토판에 설형문자나 상형문자를 쓰면서 진화되어 왔다. 메소포타미아의 토판이나 이집트의 파피루스는 책의 시초라고 할 수 있다.

독서의 일반적인 정의는 '읽은 내용을 제대로 이해하는 것'이므로 '읽기와 이해하기'가 결합된 형태다. 이해의 과정은 주의집중 → 유창하게 읽기 → 어휘력과 구조파악 능력, 기억력 → 이해하기 → 인생과 세상사 지식 → 점검하기의 순서로 진행된다. 독서의 개념은 좀 더 다양하게 살펴볼 수 있다. 첫 번째, 문자와 언어를 통한 발신자와 수신자의 의사소통 과정이다. 두 번째, 필요한 정보를 얻기 위한 가장 기본적인 수단이며 확실한 방법이다. 세 번째, 바람직한 정서 및 가치관의 함양 과정이다. 네 번째, 사회적 유대감 형성, 문화의 전승과 전파 과정이다. 다섯 번째, 글과 독자의 배경 지식의 결합으로 의미 재구성의 과정이다. 여섯 번째, 실제적인 문제를 해결해 나가는 능력 배양의 과정이다.

독서의 효과도 여러 가지다. 첫 번째, 뇌 발달에 도움이 된다. 뇌세포는 태어났을 때 분리되어 자라면서 시냅스로 연결되는데, 1개의 신경세포에서 1,000~200,000개의 시냅스가 형성된다. 10세까지의 환경과 노력이 아이의 두뇌를 결정하므로 시기가 중요하다. 두 번째, 어휘력이 향상된다. 캔자스대학교 베티 하트 Betty Hart 교수는 '아이가 자라면서 차이가 생기는 이유는 그들의 머릿속에 들어 있는 낱말 때문이다'라고 했고 『하루 15분 책 읽어주기의 힘』의 저자 짐 트렐리즈 Jim Trelease는 '초등 입학 시의 어휘력이 평생 실력이다'라고 했으며, 영국의 사회언어학자 바실 번스타인 Basil Bernstein은 '중산층 자녀와 노동계층 자녀들은 언어면의 발달에서 차이가 나고 이 차이가 장차 계급 차이를 만든다'고 말하면서 어휘력의 중요성을 강조했다.

세 번째, 배경 지식이 풍부해진다. 독서는 독자 자신의 스키마 (Schema, 배경 지식)를 이용하여 저자의 메시지를 재구성하는 고도의 지적 과정이므로 배경 지식이 중요하다. 배경 지식이 부족하면 '시도 → 실패 → 좌절 회피 → 연습 부족 → 낮은 성취 → 낮은 자존감 →

낮은 동기 → 포기'로 이어지는 악순환의 사이클에 빠지고 배경 지식이 풍부하면 '시도 → 능숙 → 배경 지식 축적 → 흥미 → 동기 → 높은 성취 → 지적 호기심 → 재시도'로 이어지는 선순환의 사이클에 들수 있다. 네 번째, 학습력이 좋아진다. 국제읽기능력향상연구 PIRLS, Progress in International Reading Literacy Study는 다음과 같이 말하며 학습력의 중요성을 강조한다.

"오늘날 정보화 사회에서 읽기 능력은 더 나은 삶, 지적 성장, 잠재력 개발에 있어서 가장 중요한 능력이다. 결국 읽기를 잘하는 사람이 사회적 지위나 경제적 부를 차지할 가능성이 더 높다."

독서 교육은 문자 지도와 독해 지도, 도서 선택 방법, 독서 기술, 인지적/정의적 영역 발달을 포함하는 총제적인 인간 교육이자 교육의 기본이다. 과거에 독서는 사회를 이끄는 상류계층의 전유물이었고 선인의 도를 익히고 지도자 품성을 기르기 위한 방법이었으며, 높은 지위를 얻어 엘리트 역할을 감당하기 위한 필수 과정이었다. 근대 이후 독서는 독점된 지식과 정보를 공유하기 위한 전달 매체의 역할을 하게 되었고 책을 통한 의사소통의 필요성이 증가하면서 인쇄술의 발달과 출판량 증가라는 결과를 가져왔다.

현대의 독서는 인간(학습자) 중심의 상대적 구성주의 지식관을 추구한다. 시대의 패러다임이 노동집약적에서 자본집약적 그리고 두뇌집약적으로 바뀌면서 고도화된 지적 능력을 바탕으로 문제 해결 능력과 자기주도학습 능력을 갖춘 창의적인 인재가 필요해져서 독서의 중요성은 갈수록 커지고 있다. 현대 사회에서 독서는 즐거움과 교양을 주고 지식과 정보를 습득하는 보편적이고 유용한 행위이며, 두뇌 계발과 언어 발달을 촉진시키고 사고력을 향상시키며, 세상을 이해하는 힘을 키워주고 세계를 변화시키는 원동력이 되므로 꼭 필요하다.

독서 교육의 목표는 넓은 의미에서 '피교육자의 심리적이고 발달적인 특성을 잘 이해하여 효과적으로 가르치는 것'이라고 할 수 있고 좁은 의미에서 '발달에 대한 정확한 개념을 파악하고 독서 교육과 관련이 깊은 발달 특성을 파악하여 피교육자의 보편적인 발달 정도에 맞는 독서 교육을 하고자 하는 것'이라고 할 수 있다. 따라서 독서 교육의 목표를 효과적으로 달성하려면 발달 과정에 따른 독서 코칭 방법을 알아야 한다.

발달 단계에 대해서는 지그문트 프로이트 Sigmund Freud와 에리크 에릭슨 Erik H. Erikson의 이론이 기본이다. 프로이트는 0~1세를 구강기, 1~3세를 항문기, 3~6세를 남근기, 6~12세를 잠복기, 12~20세를 성기기로 보고 20세 이후 노년기까지 성기기가 계속된다고 말한다. 에릭슨은 0~1세를 신뢰감 대 불신감의 시기, 1~3세를 자율성

대 회의감(수치심)의 시기, 3~6세를 주도성 대 죄책감의 시기, 6~12세를 근면성 대 열등감의 시기, 12~20세를 정체감 대 역할 혼돈의 시기, 20~40세를 친밀성 대 고립의 시기, 40~65세를 생산성 대 침체의 시기, 노년기를 자아통합 대 절망의 시기라고 정리한다.

읽기 발달이론가 쉘J. Chall이 1983년에 발표한 이론에 따르면 독서 능력은 6단계를 거치면서 발달된다고 한다.

첫 번째, 0단계는 읽기 전 단계로써 태어나서 초등학교에 입학하기 전이다. 이때는 문자와 낱말, 책들에 관한 지식이 축적되고 언어의 다양한 측면을 이해하며, 낱말 특성에 관해 통찰을 한다. 3~4세에는 책 읽기를 흉내내고 읽기 관련 지식을 습득하는데, 이 시기의 읽기 준비도와 여러 능력과 지식이 초등 1학년 읽기 능력과 실질적 관련이 있다는 연구 결과가 있다.

두 번째, 1단계는 초기 읽기 단계로써 초등 1~2학년 시기다. 이때는 문자체계를 습득하고 각 문자에 대응하는 음성, 낱말들의 연결이 가능하다. 단계 말기에는 철자체계의 특성에 대한 통찰을 얻게 되는 질적인 변화가 일어난다.

세 번째, 2단계는 유창성 단계로써 초등 2~3학년 시기다. 이때는 1단계에서 학습한 것을 다지고 자신의 문자 해독 지식과 다양한 어휘를 사용하며, 자신감을 갖고 문맥 사용 기술을 습득하고 정확하고 빠르게 읽기가 가능하다. 동화나 만담같이 내용과 주제가 친숙하거나 구조가 친숙한 책을 다양하게 읽을 수 있는 기회가 제공된다.

네 번째, 3단계는 새로운 학습을 위한 읽기 단계로써 초등 고학년 이후의 시기다. 이때는 새로운 지식, 정보, 생각, 경험 학습을 위한 읽기가 가능하다. 저학년 때는 읽기 자체에 중점을 뒀다면 고학년 때는 교과를 배우기 위해 읽는다. 지식 축적에 중점을 두기 때문에 낱말의 의미와 선행 지식의 중요성이 증가한다. 새로운 것을 알고자 하는 욕구가 상승하고 읽기를 통해 지식과 경험을 얻기를 원한다. 정보를 얻는 과정을 배움으로써 찾고자 하는 것을 효율적으로 찾는 방법을 익히게 된다.

다섯 번째, 4단계는 관점 개발의 단계로써 초등학교 이후의 시기다. 이때는 각자 독서에서 한 가지 이상의 관점을 갖게 되므로 이전에 습득한 사실과 개념들 위에 새로이 부가된 사실과 개념들을 담을 능력이 필수적으로 요구된다. 다양한 출처의 정보를 비교할 수 있지만 정보의 통합은 하지 못한다.

여섯 번째, 5단계는 세계관의 단계로써 18세 이후의 시기다. 이때는 관심 분야에서 자료들을 선택적으로 사용하고 내용을 구성하면서 읽을 수 있으며, 타인의 의견을 읽고 자기 스스로 지식을 정리할 수 있다. 주로 분석과 종합, 판단에 의존한다.

광주교대 국어교육과 천경록 교수는 1999년 「독서능력 발달과정 7단계」라는 연구 결과를 발표했다.

첫 번째, 독서 맹아기는 출생부터 유치원까지의 시기로 읽기 이전 단계로써 주로 음성 언어를 사용하고 보고 듣는 것이 언어 발달의 큰 요소로 작용한다.

두 번째, 독서 입문기는 초등 1~2학년 시기로 음성 언어가 문자 언어로 변환되고 의사소통이 가능하기 때문에 함께 참여하는 읽기가 필요하다. 시범 읽기, 쉬어가며 읽기, 가리고 읽기 등을 시도할 수 있다.

세 번째, 기초 기능기는 초등 3~4학년 시기로 독해로 나아가는 시기이므로 독서 관련 기초 기능을 습득한다. 묵독과 의미 중심의 학습 독서가 시작되는 시기다.

네 번째, 기초 독해기는 초등 5~6학년 시기로 사실과 의견을 구분하고 정보를 축약하며, 생략 정보를 추론하고 내용을 예측할 수 있다. 비유적 표현의 의미를 이해하고 표현의 적절성을 판단하는 능력을 가지게 된다.

다섯 번째, 고급 독해기는 중등 1~2학년 시기다. 이때는 작가의 관점과 태도, 글의 동기 등을 비판적 시각으로 읽을 수 있다. 글쓴이의 목적과 글 구조, 일관성을 파악하고 추론할 수 있다.

여섯 번째, 독서 전략기는 중등 3학년에서 고등 1학년 시기로 구체적인 독서 목적에 맞춰서 전략적으로 읽기가 가능하다. 독서가 독자와 작가의 의사소통, 의미 타협, 중재 과정이라는 것을 자각한다.

일곱 번째, 독립 독서기는 고등 2학년 이후 시기로 독자 스스로 각자의 교양과 학문, 직업적 필요에 따라 책과 글을 선택하여 자발적으로 읽는다.

가정과 학교, 도서관 등에서는 추천 도서나 권장 도서 목록만 가지고 독서 지도를 하거나 독서 활동을 실시하지 말고 이러한 독서 발달 단계별 특성에 따른 독서 능력과 독서 목적을 고려해서 학생들의 책읽기를 도와줄 수 있는 수준별 독서 코칭 전략이 필요하다. 그래야 '적시에 적자에게 읽게 한다'는 독서 지도의 원리를 충실히 따르면서 독서 효과의 향상과 독자의 독서 능력 신장도 기대할 수 있다.

독서 코칭과
독서 부진의 이해

20세기에 들어 과학기술이 엄청난 속도로 발전하면서 컴퓨터가 등장했고 다양한 매체가 생기면서 수천 년 동안 지식의 보고로써 절대적 권위를 갖고 있던 문자와 책이 위협을 받게 되었다. 다매체 정보화 시대에는 많은 독자들이 지속적인 사유를 필요로 하는 '읽기'에서 감각적으로 이해되는 '보기'를 지향하게 된다. 이러한 시대의 변화에 맞춰서 독서도 몇 가지 전략이 필요한데, 정보의 선택 능력과 활용하는 능력을 위한 전략, 진지한 글 읽기의 중요성을 알고 실천할 수 있는 전략, 정보 매체를 활용해 독서 생활에 적용하기 위한 전략 등이 중요하다.

독서 과정이란 책을 집는 것부터 시작해 책 읽기를 마치는 과정에서 일어나는 변화를 뜻하며, 다음의 단계를 거친다. 단어나 어군 등이 눈에 수용되어 일어난 독서 반응으로 발음하고 개념을 정립한 후 이해하며, 저자의 사상과 감정을 판단하고 생각이나 개념을 자신의 경험 세계로 흡수하면서 자신만의 것으로 만든다. 즉, 독서 과정은 수용과 이해, 판단, 흡수의 연속적인 행동이라고 할 수 있으며, 각각 독립된 것이 아니라 상호 연계되어 있으므로 이러한 연쇄 행동이 독해의 결과로 나타난다.

독서 코칭이란 독서를 통해 인간을 교육하는 것으로써, 가정과 학교, 사회 등 학생들의 전반적인 독서 생활을 기반으로 이루어진다. 그 성격도 교육학과 심리학, 문헌정보학, 문학 등 다양한 학문을 바탕으로 종합적인 접근 방법이 필요한 응용 학문으로써 독립된 영역을 갖고 있다. 따라서 독서 코치는 전인적인 자질, 독서인의 자질, 교사의 자질, 교육 상담가의 자질 등 독립된 전문직으로써 여러 가지 자질을 고르게 갖추어야 한다. 이러한 자질을 갖춘 독서 코치는 초중고 학생들의 독서 교사, 임상 독서 교육 전문가, 독서 교육 상담가, 독서 교육 연구가 등으로 활동할 수 있다.

독서 코치는 네 가지 기본 자세를 갖추어야 한다. 첫 번째, 인간에 대한 이해가 있어야 한다. 두 번째, 배움과 가르침에 대한 노력이 있어야 한다. 세 번째, 학생에 대한 애정과 학생 교육 환경에 대한 이해를 해야 한다. 네 번째, 부모와 공조한 독서 코칭을 할 수 있어야 한다. 토의토론 리더로서 갖추어야 할 기본 자세도 몇 가지 있다. 첫 번째, 토의토론 참여자를 진심으로 이해하고 사랑하며 진지한 대화를 나눌 수 있어야 한다. 두 번째, 전문성과 능력을 꾸준히 발전시키고 토의토론 주제에 대한 폭넓은 지식을 갖고 있어야 한다. 세 번째, 사회 변화에 소신있게 적응하고 앞서가야 한다. 네 번째, 시대적 요구를 수용하고 토론 참여자를 올바른 방향으로 이끌 안목과 능력도 지녀야 한다. 토의토론을 진행할 때는 적절한 후속 질문 던지기, 계속적으로 주제와 관련된 내용을 참고하도록 돕기, 천천히 토의토론을 이끌기, 참여자들이 서로 이야기 하도록 돕기, 모든 사람이 참여할 수 있도록 돕기, 의견을 주의 깊게 듣기, 생각을 서로 연관 짓기 등 토의토론의 기본 지침을 성실해 수행해야 한다.

독서 코칭을 할 때 유의해야 할 부분이 '독서 문제아'에 대한 대처 방법이다. 독서 문제아는 크게 세 가지 유형이 있는데, 읽기 자체가 어려운 경우(읽기 문제아)와 독서 능력이 부족한 경우(독서 곤란아), 독서 행동이 특이한 경우(독서 이상아)로 나눌 수 있다. '읽기 문제아'는 다시 소리 내서 읽기가 안 되는 '음독 문제아'와 눈으로 읽기가 안되는 '묵독 문제아'로 나눌 수 있고 '독서 곤란아'는 다시 지능이 낮고 독서력도 낮은 '독서 지체아'와 독서력만 낮은 '독서 부진아'로 나눌 수 있다. '독서 이상아'는 흥미와 관심 자체가 없는 '독서 무관심아'와 '독서 태도 이상아'로 나눌 수 있는데, '독서 태도 이상아'에는 '독서 편향아', '독서 불안정아', '독서 조숙아', '독서 과다아', '독서 분열아' 등이 포함된다.

'독서 편향아'는 자기가 좋아하는 책만 치우쳐서 독서하는 학생으로서 일시적 흥미 중심의 편독일 경우가 많으므로 장시간의 세심한 관심이 필요하다. '독서 불안정아'는 한 책을 꾸준히 읽지 못하는 학생으로써 독서 능력에 결함이 있거나 산만한 성격, 정서 불안, 신체적 기력 쇠약 등이 원인이다. '독서 조숙아'는 연령에 맞지 않는 높은 수준의 책을 선호하는 학생으로써 현실 부적응이나 현실 도피, 인정 받으려는 욕구가 강해서 나타나는 현상이다. '독서 과다아'는 줄거리만 따라 다독하는 학생으로써 생활의 조화를 깰 정도로 다독하는 것이 특징인데, 지능은 높으나 사회성이 부족한 경우가 많으므로 주의해야 한다. '독서 분열아'는 독서와 현실 세계를 구별하지 못하는 학생으로써 독서 속 세계로 도피하거나 사춘기의 일시적인 현상일 수 있다. 고집과 이탈 욕구가 강하고 조숙하며, 현실에 적응하기 어려우므로 주의해야 한다.

한편 21세기가 시작되기 전에 여러 전문가들이 '독서 부진'의 원인에 대한 연구를 진행했다. 1995년 테일러 Taylor B.는 '읽기의 어려움에 대한 교육과 평가 Reading difficulties: Instruction and assessment'라는 연구에서 독서 부진의 원인을 네 가지로 구분했다. 첫 번째, 신경학적 요인으로써 시각적 문제와 청각적 문제, 뇌 손상. 두 번째, 심리 정서적 요인으로써 좌절감과 부정적 자아관. 세 번째, 환경적 요인으로써 가정 환경과 사회 환경, 동료들 간의 분위기. 네 번째, 교육적 요인으로써 과제의 부적절성과 지도 방법의 부적절성이다.

1998년 거닝 Gunning T. G은 '읽기와 쓰기의 어려움에 대한 평가와 수정 Assessing and correcting reading and writing difficultiesd'이라는 연구에서 독서 부진의 원인을 여덟 가지로 나누어서 제시했다. 첫 번째, 인지적 요인으로써 인지 능력과 기억력, 연상 학습, 주의력 부족. 두 번째, 시각적 요인으로써 뒤집어 읽기와 정보 지각 능력의 부족. 세 번째, 언어적 요인으로써 발음의 어려움과 음운론적 문제. 네 번째, 사회 정서적 요인으로써 자기 효능감 결핍과 부모의 압력. 다섯 번째, 신체적 요인으로써 청각 장애와 시각 장애. 여섯 번째, 교육적 요인으로써 부적절한 자료와 부적절한 방법. 일곱 번째, 사회 문화적 요인으로써 문화적 분위기와 동료 집단의 특성. 여덟 번째, 경제적 요인으로써 가정 내에서의 자료 부족과 시설 부족이다. 1999년 천경록 교수는 「읽기 장애의 개념과 지도 방향」이라는 연구에서 독서 부진의 원인을 크게 '독자 내적 요인'과 '독자 외적 요인'으로 구분할 수 있다고 주장했다. '독자 내적 요인'에는 뇌 손상과 유전적 요인, 초인지 능력의 결핍 등이 있으며, '독자 외적 요인'에는 학습 양식의 불일치, 부적절한 교수 방법 등이 있다고 했다.

독서 부진아는 일반적으로 다음과 같은 특징을 보인다. 첫 번째, 일관성 있는 기억력이 부족해서 구두나 서면 지시사항을 따라갈 수 없다. 두 번째, 이해한 사항을 확인하지 못한다. 세 번째, 방금 읽은 것이나 독서를 통해 배운 것들에 대한 질문에 대답을 하지 못한다. 네 번째, 언어 표현력이 부족하다. 다섯 번째, 언어가 유창하지 못하다. 여섯 번째, 자신감이 부족하다. 일곱 번째, 학습 습관이 적절하지 못하다. 여덟 번째, 요약 능력이 부족하다. 아홉 번째, 집중력이 부족하다. 열 번째, 과제를 해결하기 위한 지식 습득 능력이 부족하다. 열한 번째, 흥미 있는 분야의 영역이 제한된다. 열두 번째, 읽고 쓰는데 흥미가 부족하다.

독서 부진아 문제는 세 가지 측면에서 살펴 볼 수 있다. 첫 번째, 잘못된 독서 습관의 문제에는 읽어 달라고만 하는 아이, 대충 대충 읽는 아이, 책의 내용을 엉뚱하게 이해하는 아이, 느낌과 생각을 잘 표현 못하는 아이, 읽기에 흥미가 없는 아이 등이 있다. 두 번째, 정서 문제에는 정서적 성숙 부족, 정서적 불안정, 독서를 통한 부정적 간접 경험 등이 있다. 세 번째, 그 밖의 문제에는 책과의 첫 만남이 좋지 않은 경우, 책을 인지 발달 도구로만 썼을 경우, 강압적, 경쟁적 독서, 일방적 독서관을 주장한 경우 등이 있다.

독서 부진아 대상으로 독서 코칭을 할 때는 다음과 같은 방법이 효과적이다. 첫 번째, 초이해(metacomprehension, 이해에 관한 사고) 능력을 길러주는데 관심을 갖는다. 두 번째, 결과보다는 과정에 더 관심을 갖는다. 세 번째, 언어적 기능을 익힐 때 다른 학생들과 부진아를 차별하지 않는다. 네 번째, 학습의 목적을 제시하거나 적절한 질문을 던지면서 언어 활동에 유용한 상황을 만들어 준다. 다섯 번째, 주어진 자료와 과제의 유형, 분량을 조정한다. 여섯 번째, 독서를 통해 배운 내용을 실제 상황에 적용할 수 있도록 적절한 반복으로 숙달시킨다. 일곱 번째, 학생들에게 큰 소리로 읽어준다. 여덟 번째, 읽기뿐만 아니라 쓰기와 듣기, 말하기 등 통합적인 독서 활동을 강조한다. 아홉 번째, 심각할 경우는 부진의 원인에 대한 전문가의 도움을 구한다.

학습 부진과 마찬가지로 독서 부진아도 좀 더 많은 관심과 사랑이 필요하기 때문에 긍정적인 생각과 따뜻한 마음으로 인내심을 갖고 꾸준히 지켜보는 자세가 중요하다.

유대인의 교육법과
하브루타의 이해

KBS에서 2013년 2월 말부터 한 달 동안 「공부하는 인간(호모 아카데미쿠스)」 5부작 다큐멘터리를 방영했다. 제작진은 인류의 역사 속에서 의식주를 충족하는 것 못지않게 세계 어디서나 공부에 대한 열정은 유사하다는 점에 착안해 왜 전 세계 사람들이 공부에 막대한 에너지를 쏟아 붓는지 살펴봤다. 인류는 왜 공부를 시작하게 되었고 공부를 하는 목적은 무엇인지, 그리고 각 문화권마다 다른 공부의 목적과 기원은 무엇인지를 세밀히 탐색해 보았다. 전 세계의 다양한 문화적 배경을 가진 사람들이 모여 사는 미국, 그 중에서도 최고의 대학으로 꼽히는 하버드 대학교 재학생 네 명과 함께 공부와 사회, 공부와 문화와의 연관성을 파헤쳐 본 매우 의미 있는 프로그램이었다.

프로그램은 제1편 오래된 욕망, 제2편 공자의 후예, 제3편 질문과 암기, 제4편 최고의 공부, 제5편 다시 공부를 말하다 등 5부작으로 방영 되었는데, 미국 필립스 엑스터 아카데미의 공부, 일본의 공부, 프랑스 고3의 공부, 영국 옥스퍼드의 공부, 인도의 공부, 중국의 공부, 그리고 한국의 공부 등과 함께 특별히 이스라엘, 우간다, 미국에 살고 있는 유대인들의 공부에 대해 소개하였다. 유대인들은 출애굽 이후 수천 년 동안 광활한 대지를 쫓겨 떠돌아다니게 된 그들의 비극적인 역사에도 불구하고 노벨상 수상자의 약 30%(2013년에는 노벨상 수상자 12명중 6명이 유대인), 하버드 재학생의 약 30%를 차지하고 있을 뿐 아니라 전 세계의 정치, 경제, 사회, 문화의 모든 부분에서 막강한 영향력을 행사하고 있다.

세계 0.25%의 인구, 세계 45위의 지능으로 어떻게 그들은 세계적 리더를 수없이 배출하고 세계적인 부호와 미국의 파워 피플 순위에서 상위권을 휩쓸며, 세계 100대 기업의 창업주를 가장 많이 배출할 수 있었을까? 성장과 발전을 가장 중요한 가치로 여기는 신자유주의 체제에서 유대인의 탁월한 성과는 갈수록 큰 관심을 받고 있다.

유대인과 한국인의 글로벌 파워를 비교해 보면 차이가 확연히 드러난다. 인구는 유대인이 1500만 명, 한국인이 5000만 명이고 평균 지능지수(IQ)는 유대인이 94, 한국인이 106이며, 노벨상 수상자는 유대인이 200명 이상, 한국인이 1명이고 세계 500대 기업의 경영진은 유대인이 42%, 한국인이 0.3%며, 미국 나스닥 상장 기업의 창업자는 유대인이 30%, 한국인은 4%에 불과하다. 이런 큰 차이가 생기는 가장 큰 이유는 '인재를 육성하는 방법'에 있다.

우선 유대인들은 그들만의 강력한 생존 시스템을 갖고 있다. 첫 번째, 배우기와 가르치기에 수반되는 여러 행위들이다. 두 번째, 강한 결속력을 갖는 가족 공동체가 있다. 가족이 없을 경우에는 그것을 대신하는 유대인 공동체가 있다. 세 번째, 토라Torah에 집약된 종교 경전과 규율, 탈무드와 여러 유대교의 저작물에서 확대·발전된 종교 경전과 규율이 있다. 그리고 유대인 인재 육성의 방법에는 중요한 세 가지가 있는데, 첫 번째, 13세 때 결혼식처럼 진행하는 유대인의 성인식 '바르미쯔마'다. 의식은 축복문 낭송(토라), 설교(드라샤), 테필린 수여(랍비), 축하 파티 등의 순서로 진행된다. 성인식이 끝난 후에 시계와 여행, 종자돈을 선물로 받는다. 두 번째, 히브리 어로 '철면피(뻔뻔스러움)'를 뜻하는 '후츠파'다. 당당하게 자신의 생각을 밀고 나가는 유대인의 정신을 담고 있으며, 자신의 위치를 알고 주위 사람과 관계를 형성하며, 유대인으로서의 정체성에 자부심을 갖도록 한다. 세 번째, 짝을 지어 질문하고 대화하고 토론하고 논쟁하는 유대인의 공부법인 '하브루타'다.

　하브루타 Havruta는 이스라엘의 인사말인 '샬롬 하베르(안녕 친구)'에서 유래되었다. 하베르가 친구를 의미하므로 하브루타는 짝(파트너)을 이루는 것을 말한다. 토론과 연습, 가르치기 등 세 가지를 섞은 것이 하브루타다. 하브루타는 탈무드의 내용을 심오하게 이해하기 위한 교육 방법으로써 서로 가르치고 서로 배우는 교학상장(敎學

相長)의 효과가 있으며, 인성과 창의성을 개발시켜주는 토론 학습법이기도 하다.

　'주입식 암기식'으로 상징되는 한국인의 교육과 '하브루타'로 상징되는 유대인의 교육을 비교하면 차이가 더욱 확연히 드러난다. 한국인의 교육은 공급자 중심, 조용한 교실, 일방 불통, 도서관에서 혼자 공부하기, 대답하기 위한 '저요, 저요', '선생님 말씀 잘 들었니?', 남보다 뛰어난 아이가 되길 바라는 부모 등으로 설명된다. 유대인의 교육은 수요자 중심, 시끄러운 교실, 쌍방 소통, 예시바에서 짝지어 공부하기, 질문하기 위한 '저요, 저요', '선생님에게 무슨 질문을 했니?', 남과 다른 아이로 성장하길 바라는 부모 등으로 이해된다.

　하브루타의 효과는 뇌과학적 근거로 확실하게 설득력을 갖게 된다. 캐나다의 신경외과 의사인 와일드 펜필드Wilder Penfield는 인간의 뇌와 신체 각 부위 간의 연관성을 밝힌 지도인 '호문쿨루스Homunculus'를 만들었다. 호문클루스는 대뇌피질의 감각 영역과 운동 영역에서 신체 각 부위의 기능을 담당하는 범위가 어느 정도의 비율을 차지하고 있는지를 나타낸 것인데, 우리 뇌는 1순위 손, 2순위 입, 3순위 발의 영향을 크게 받는다. 한국인들의 IQ가 세계에서 가장 높은 이유는 손을 사용하는 젓가락 문화 때문이고 유대인들이 노벨상 수상자를 가장 많이 배출하는 이유는 입을 사용해서 토론하는 그들의 문화

독서를 통한 진로와 인성 교육 - 진로 독서, 인성 독서

때문이며, 아리스토텔레스를 중심으로 활동한 소요학파의 철학자들이 뛰어난 사상을 발전시킨 이유는 발로 걸으면서 대뇌의 네트워크를 활성화시켰기 때문이다. 호문클루스에 따르면 '박수와 걷기, 웃음'이 두뇌 개발에 효과적인 방법이므로, '발구르며 박장대소'하는 것이 최고의 뇌건강 증진 방법이라고 한다.

일상에서 하브루타를 실천하는 것을 '일상 하브루타'라고 하는데, 자기 전에 들려주는 베드 타임 스토리나 식사 시간의 대화, 평소에 사소한 일까지 대화하는 것을 말한다. 일상 하브루타는 생활에서 접하는 모든 소재가 대화의 주제가 될 수 있으므로, 길을 가다가 교통 질서를 지키지 않는 사람, 공공장소에서 크게 떠드는 사람, 매표소에서 차례를 지키지 않는 사람 등을 보고도 대화를 할 수 있다. 책을 읽고 그 내용에 대해 얘기를 나눌 수도 있고 신문을 읽거나 TV를 보다가 대화를 나눌 수도 있으며, 언제, 어디서, 어떤 주제를 갖고 대화를 나누든지 하브루타가 되는 것이다. 수다의 수준을 조금만 높이면 하브루타가 된다고 생각하면 쉽다.

부천대학교 유아교육학과 전성수 교수는 자신의 저서 『자녀교육혁명 하브루타』에서 질문과 토론이 가정을 살린다고 하면서 다음과 같이 말한다.

"하브루타의 기본 원리는 다음과 같다. 첫 번째, 하브루타는 질문이 핵심이다. 아이에게 지시나 요구, 설명을 하기보다 질문을 많이 한다. 두 번째, 아이가 틀린 답을 말해도 정답을 알려주지 말고 다시 질문으로 답한다. 세 번째, 하브루타 하기 전에 충분히 내용에 대해 알게 한다. 네 번째, 뭔가를 외우고 알게 하는 것보다 아이의 뇌를 자극해서 사고력을 높이는 것이 목적이다. 다섯 번째, 질문하고 대화할 때는 아이에게 집중해서 그 눈을 보고 그 어떤 대답도 막지 않고 수용한다. 여섯 번째, 아이의 대답에서 구체적인 근거를 들어 칭찬한다. 일곱 번째, 아이가 모르는 것은 책을 다시 보거나 인터넷을 검색하는 등 스스로 찾아보게 한다. 여덟 번째, 많은 내용을 가지고 하브루타를 하기 보다는 한 가지 내용을 깊이 있고 길게 하브루타 하는 것이 좋다. 아홉 번째, 다소 어려운 내용도 쉬운 용어로 질문하여 아이가 생각하게 한다. 열 번째, 모든 일상 속에서 하브루타를 하되 하브루타 하는 시간을 정해서 정기적으로 하는 기회를 갖는다. 열한 번째, 잠 재우기 전이 하브루타하는 가장 좋은 시간이다. 열두 번째, 어린아이라도 쟁점을 만들어 토론과 논쟁으로 끌고 가는 것이 뇌 활동에 좋다. 열세 번째, 꼭 가르쳐야 하는 원칙이나 가치관은 대화를 통해 분명하게 인지하게 한다.”

하브루타를 하기 전에 준비할 것들이 몇 가지 있는데, 본문 정하기, 본문 충분히 읽기, 도서 내용 묵상하거나 조사하기, 최대한 질문 많이 뽑기, 암송하기 등이다. 준비를 잘했다면 이제 실전에서 적용할 차례다. 먼저 본문을 읽고 학생들끼리 하브루타를 하며, 교사나 부모가 준비해 온 질문으로 하브루타를 한다. 교사가 학생들 전체를 상대로 질문을 던지고 전체 내용을 요약하고 정리해 주는 '쉬우르(Shiur, 질의응답)' 시간을 가진 후에 실제 삶에 적용하기 위한 방법에 대해 생각해 본다. 명언이나 격언을 암송하고 다음 하브루타에 대한 안내로 마무리한다.

하브루타는 '내용 확인 하브루타', '사고 확장 하브루타', '적용 하브루타'순으로 진행하는 것이 좋다. '내용 확인'은 본문의 내용을 보고 바로 답변할 수 있는 질문들로 구성하고 '사고 확장'은 본문을 토대로 상상하거나 생각하여 답변할 수 있는 질문으로 구성하며, '적용'은 일상 생활에서 적용할 수 있는 방법을 찾는 질문을 던진다. 아이들은 질문을 만들기가 어려우므로 질문은 주로 교사나 부모가 하는 것이 좋고 먼저 아이들에게 질문할 기회를 주는 것이 바람직하다. 질문이 아무리 단순한 것이라도 진지하게 듣고 답변을 하거나 다시 질문을 던진다.

전성수 교수는 신호등 순서에 대한 하브루타 사례를 소개하면서 다음과 같이 말한다.

"우리는 도덕이나 윤리 시간에 교통 법규에 대해 강의식으로 가르치고 이를 암기해서 시험을 보는 것으로 교통 법규를 배운다. 그래서 도덕 점수는 100점이어도 실생활에서는 교통 법규를 전혀 안 지키는 경우가 있다. 이렇게 우리의 교육은 실천이 아니라 빠른 습득과 효율적인 암기에 초점이 맞추어져 있다. 하지만 유대인 교육은 다르다. 그들은 아이에게 교통 법규가 없다면 어떻게 될지 생각하게 해서 생활과 밀착된 공부를 시킨다. 하브루타를 할 때 부모는 아이들에게 계속 질문을 한다. 질문을 통해 아이들로 하여금 스스로 생각하는 기회를 주는 것이다. 그런 대화는 교통 법규 준수에 대한 토론이나 논쟁으로 이어질 수도 있다. 한편 관련 재미있는 이야기를 통해 질문함으로써 사고력을 자극할 수도 있다. 이런 대화는 끊임없이, 수시로, 어디서든, 어떤 소재나 주제든 할 수 있다. 이렇게 대화를 통해 알게 된 사실이 책상에 앉아 책을 읽으면서 알게 된 사실보다 훨씬 기억도 잘 되고 오래 간다. 더불어 부모와도 친밀해질 수 있다."

학습자가 의미있게 받아들이지 않는 가르침은 기억에 남지 않으며, 원리를 알면 외우지 않아도 된다. 하루 10분이라도 아이와 놀아주고 대화하는 것이 하브루타의 시작이다. 가능하다면 매주 하루를 '하브루타의 날'로 정해서 가정이나 학교에서 하브루타를 하면 더욱 좋다. 나부터, 지금부터, 할 수 있는 것부터 하브루타를 시작해 보자!

독서 교육 현장에서 궁금해 하는 질문에 대한 답변

최근에 지상사에서 출간한 『진짜 독서를 위한 ZINBOOK 독서 토론』의 부록에 '독서법 간담회 Q&A'라는 제목으로 사람들이 많이 궁금해 하는 질문에 대한 답변을 모아서 소개했다. 책 읽으라는 잔소리를 하지 않고 독서 지도를 하는 방법, 계획적인 독서와 자유로운 독서 사이에서의 고민 해결 방법, 독서 중에 집중하는 방법, 좋은 책을 고르는 방법, 오랫동안 책 내용을 기억하는 방법, 빨리 읽으면서도 정독하는 방법, 핵심을 요약하고 정리하는 방법, 문학과 비문학, 인문학 책을 효과적으로 읽는 방법, 활자 거부증이 의심되는 사람의 독서 방법 등 질문의 내용이 참으로 다양했다.

『독서 교육 어떻게 할까』의 저자 김은하 교수도 '날 때부터 클 때까지, 독서 교육 현장에서 만나는 열세 가지 질문들'이란 제목으로 명쾌한 답변을 제시했다. 대학에서 배우는 이론 중심의 '강단 교육학'이나 임용고시 대비용 '노량진 교육학'이 아니라 아이들을 교육하며 부딪친 문제를 해결하기 위한 '가슴 절절 교육학'을 바탕으로 독서 교육 현장에서 마음을 흔들었던 질문을 통해 공부하며 깨달은 것들을 술술 풀어내고 있다. 비슷한 고민을 하고 있는 분들에게 좋은 가이드가 되어줄 '열세 가지 질문들'을 하나씩 만나 보자.

첫 번째, '왜 글을 알면서도 읽어 달라고 할까요?'라는 질문이다. 글을 읽을 때는 '글자를 읽는 활동'과 '의미를 구성하는 활동'을 동시에 하는데, 아이들은 처음에 글자를 그림처럼 여기다가 자모음의 음가를 알아차리고 그에 맞게 발음하다가, 어느 순간 단어를 한눈에 인식하고 발음하면서 유창하게 읽게 된다. 아이들이 글을 읽을 수 있음에도 책을 읽어 달라고 하는 첫 번째 이유는 읽기 유창성(reading fluency)이 부족해서 '독해(讀解, 글을 읽어서 뜻을 이해함)'보다는 새로운 단어나 표현을 처리하는 '해독(解讀, 어려운 문구나 문장 따위의 뜻을 풀어서 읽음)'에 신경을 써야 하기 때문이다. 어른이 책을 읽어주면 아이가 암호처럼 느끼는 글의 해독 활동을 대신하는 것이므로 아이는 해독에 기울였던 노력을 이해에만 집중할 수 있다. 이야기를 들으면서 머릿속에 그려보기도 하고 의미를 적극적으로 구성하면서 이해하기도 하는 것이다. 책을 읽어 달라고 하는 두 번째 이유는 사회, 문화적 배경 지식과 문장 구조에 익숙하지 않아서다. 예를 들어 '아무도 2등은 기억하지 않습니다'라는 문장을 단어의 의미만 합치면 '2등은 기억하지 않지만 3등이나 4등은 기억한다'라고 독해할 수 있지만 문장 전체의 의미를 파악하면 '2등은 기억하지 않고 1등만 기억한다'라고 말하는 것을 알 수 있다. '어르신, 진지 드셨어요?', 'OO이, 다 컸네, 시집가도 되겠어.' 라는 대화에서 '진지 드셨어요?'라는 문장도 글자 그대로 받아들이면 '식사하셨어요?'라고 독해할 수 있지만 대화 내용을 고려하면 '안녕하세요?'라고 안부를 묻는 인사말로 이해할 수 있다. 아이가 글을 읽는다는 것이 '글자 너머의 의미를 읽는 것'이라는 사실을 명심한다면 부모와 교사는 언제 어디서든 기쁜 마음으로 책을 읽어줄 수 있게 될 것이다.

두 번째, '아이의 독서에 가정은 어떤 영향을 주나요?'라는 질문이다. 가정은 크게 세 가지 모습으로 아이의 독서 습관에 영향을 주는데, 아이가 양육자와 읽고 쓰는 상황에서 상호 작용하는 것, 아이 스스로 문자에 대해 경험하는 것, 아이가 양육자의 독서 활동을 관찰하는 것 등이다. 아이와 함께 즐겁게 책을 읽는 경험은 어휘와 독해, 책을 대하는 태도 등에 매우 강력하고도 지속적인 영향을 준다. 따라서 함께 책을 읽을 때 아이의 말과 표정에 대해 꾸준히 관심을 가지며 대화하고 아이가 글자를 알더라도 읽어 주기를 계속하는 것이 좋다.

세 번째, '추천 전집과 필독 도서를 꼭 읽어야 할까요?'라는 질문이다. 영유아 시기에 개월별로 분야별 전집을 구입해서 많은 양의 책을 아이에게 한꺼번에 안겨주는 방식은 한국만의 독특한 독서 방식이다. 이런 방식이 아이들의 읽기 능력이나 독서 동기와 태도, 기타 요인들에 어떤 영향을 끼치는지에 대해서는 본격적인 연구를 통해 긍정적인 면과 부정적인 면을 고르게 살펴봐야 한다. 추천 전집이나 필독 도서보다는 아이들이 스스로 책을 선택하는 것이 중요하므로 어떻게 하면 자신에게 잘 맞는 책을 찾도록 기회를 만들어 줄 수 있을지에 대해 늘 고민해야 한다. 아이에게 상황에 맞는 책을 추천할 때는 분야별, 주제별 도서 찾기가 매우 쉽게 구성되어 있는 '오픈키드 (www.openkid.co.kr)' 사이트를 참고하면 좋다.

네 번째, '어떻게 하면 편독을 고칠 수 있을까요?'라는 질문이다. '편독(偏讀)'이라는 말은 관심있는 특정 분야의 책만 읽는다는 뜻인데, '편식'이나 '편견', '편파' 등에 쓰이는 '偏'이 들어간다. 그런데 편독은 한국에서만 문제될 뿐 아이들이 어떤 한 분야의 책을 치우쳐서 읽는 것에 대해 우려하는 학술 연구는 찾아보기 어렵다. 아마도 우리의 독서 문화가 국영수사과 등 주요 교과목과 관련된 책이나 교과 공부에 도움이 되는 분야를 가능한 다양하게 읽어야 한다는 것을 중시하기 때문일 것이다. 그리고 학습에 도움이 되는 독서를 해야 한다는 강박 관념이 편독에 대한 걱정으로 나타나는 것이리라. 이제 한 분야만 읽지 말고 다른 분야의 책도 골고루 읽으라는 잔소리를 멈추고 각 분야의 재미와 맛을 느끼게 하는 독서 코칭이 필요하다. 아이가 갖고 있는 주제나 상황에 대한 흥미에 맞는 분야의 책과 분야별로 최대한의 재미와 완성도를 가진 책을 소개하는 것이 바람직하다.

　　다섯 번째, '정독과 다독 중에 어떤 방법이 더 좋나요?'라는 질문이다. '정독(精讀, slow reading)'이란 뜻을 새겨 가며 자세히 읽는 것이고 '속독(速讀)'이란 빨리 읽는 것으로 정독의 '천천히 자세히' 읽기와 대비되며, '다독(多讀)'이란 많이 읽는 것으로써 정독의 '적게' 읽기와 대비되고 '통독(通讀)'이란 훑어 읽는 것으로써 정독의 '처음부터 끝까지' 읽기와 반대되는 방식이다. 일반적으로 책을 읽는 목적과 종류에 따라 독서를 세 가지 방식으로 나누는데, 재미와 즐거움을 위해 문학 책을 읽을 때를 '취미 독서', 지식과 정보를 얻기 위해 비문학 책을 읽을 때를 '교양 독서', 시험을 보기 위해 비문학 수험서를 읽을 때를 '수험 독서'라고 한다. 취미 독서를 할 때는 속독과 통독을, 교양 독서를 할 때는 정독을, 수험 독서를 할 때는 정독과 다독을 병행하는 것이 보통이다. 책 한 권을 골라서 읽는 과정에서도 여러 가지 읽기 방식이 적용된다. 예를 들어 '음악가에 대한 독후감 쓰기' 수행평가를 준비하기 위해 도서관이나 서점의 서가에서 책을 선택할 때나 목차와 머리말, 맺음말을 보면서 대강의 내용을 파악할 때는 '통독'을, 해당 음악가와 관련된 다른 책을 참고할 때는 '속독'을, 독후감을 쓰기 위해 본문의 내용을 파악할 때는 '정독'을 활용한다. 한 권의 책이라도 목적에 따라 방식이 여러 가지로 달라질 수 있다. 『해리포터 시리즈』를 재미로 읽을 때는 '속독'을, 『홍길동전』과 비교해서 발표하는 과제 준비를 위해서는 '정독'을, 영문판을 읽다가 이해를 돕기 위해 번역판 볼 때는 '속독'을 활용한다. 어떤 한 가지 방식으로 모든 책을 읽으려는 욕심을 버리고 책을 읽는 목적과 종류에 따라 적합한 방식을 선택할 때 독서 효과를 높일 수 있다.

여섯 번째, '어떻게 아이의 수준에 맞는 책이라는 걸 알 수 있나요?'라는 질문이다. 독서의 난이도는 글 자체가 가진 요소로써 '객관적 특성'과 독자의 개별 요인으로써 '주관적 특성'에 따라 정해진다. 객관적 특성에는 단어와 문장의 길이, 개념의 복잡성과 밀도, 글의 예측 가능성, 구성의 일관성, 분야, 시대, 시각 정보의 제공 등이 있고 주관적 특성에는 읽는 목적과 주제에 대한 흥미, 배경 지식 정도, 읽기에 부여하는 의미 등이 있다. 글 자체의 난이도는 양적, 질적 척도로 어느 정도 객관화가 가능하지만 독자의 상황에 따른 맥락은 매우 주관적이고 유동적이다. 따라서 수준에 맞는 책을 선택하려면 객관적 특성과 주관적 특성을 함께 고려해야 한다.

일곱 번째, '좋아하는 만화책을 계속 보여줘도 되나요?'라는 질문이다. 만화책은 재미와 즐거움을 바탕으로 하는 독서 과정의 측면에서는 장점이 많다. 대사와 생각, 느낌이 구어체로 표현되어 리듬감이 있고 정보 전달력이 높으며, 독서 흥미와 읽기 동기를 높이고 공부에 대한 스트레스를 푸는 데도 도움이 된다. 반면 사고력과 창의력을 바탕으로 하는 독서 결과의 측면에서는 단점도 있다. 긴 호흡의 복잡한 문장이나 일상어로 표현하기 어려운 개념을 이해하기 어렵고 그림으로 너무 자세하게 묘사함으로써 TV를 볼 때처럼 생각하는 능력을 떨어뜨리며, 새로운 아이디어를 생각할 수 있는 기회도 줄어든다. 따라서 관심과 흥미, 재미와 즐거움이 필요할 때에는 만화책이 어느 정도 도움이 되겠지만 사고력과 창의력, 깊이 있는 지식 습득을 기대한다면 만화책이 아닌 다른 책을 권하는 것이 더 바람직하다.

여덟 번째, '왜 이미지 읽기가 중요한가요?'라는 질문이다. 읽는 것은 후천적 능력이지만 보는 것은 타고난 능력이다. 글은 누군가 읽어주어야 접근할 수 있지만 이미지는 스스로의 힘으로도 접근이 가능하기 때문에 글을 못 읽는 영유아와 어린이는 이미지로 소통하는 그림책이 잘 맞다. 그림책의 그림은 글을 묘사하고 설명하는 보조 역할만 하는 것이 아니라 글과 독립해서 독자적인 의미를 전달하거나 글과 상호작용하면서 제3의 의미를 만들어 낼 수 있으므로 책을 제대로 이해하기 위해 이미지 읽기가 중요하다. 가정이나 학교에서 접하는 책은 대부분 글자를 중심으로 의미를 전달하지만 신문과 잡지, TV, 간판, 웹사이트, 그래프, 파워포인트 등 실생활에서 접하는 삶의 텍스트들은 '글자+이미지' 형태로 의미를 전달한다. 따라서 커서도 그림책을 많이 보면 이미지가 가득한 세계의 다양한 매체를 이해하는데 효과적이다.

아홉 번째, '남자 아이들은 책 읽기를 싫어하는데, 어찌하면 좋을까요?'라는 질문이다. 연구에 따르면 남학생의 독서율과 읽기 능력, 읽기에 대한 흥미와 태도가 여학생에 비해 낮은데, 그 이유는 다음과 같다. 독서가 여성스러운 활동이며 쿨하지 않다는 문화적 편견, 운동 능력이나 주먹의 세기 등 남성적인 이미지를 독서보다 우선해서 내세우고 싶어하는 문화, 디지털 방식으로 정보를 간결하게 설명하는 텍스트를 좋아하지만 아날로그 방식으로 정보를 길게 묘사하는 텍스트를 주로 다루는 데 대한 거부감 때문이다. 그리고 주변에서 책 읽기의 역할 모델을 찾기 어렵다는 점도 중요한 이유다. 남학생은 어릴 때는 엄마가, 유치원에서는 여자 선생님이 책을 읽어주고 초등학교에서도 주로 여자 선생님에게 수업을 받으며, 학교 도서관의 사서교사도 대부분 여성이다. 독서에 대한 올바른 태도를 형성하는 시기에 독서를 권하거나 모델링을 할 만한 남성이 주변에 별로 없어서 TV나 게임에 등장하는 주인공이나 영웅, 그런 매체를 즐기는 남성을 역할 모델로 삼는 것이다. 또한 남학생은 여학생보다 활동 중심의 동적인 학습 방식을 선호하는데, 독서 수업은 조용하게 가만히 앉아서 책을 보는 정적인 학습 방식이므로 남학생이 별로 좋아하지 않는다. 19세기 조선시대까지만 해도 책 읽기와 글쓰기는 남성 선비들의 전유물이어서 여자 아이가 공부에 대한 역할 모델을 남성에게서 찾아야 했다. 하지만 20세기 중반 이후 현재의 교육 모델이 정착되면서 상황이 역전되었다 따라서 책의 수서(受書)와 추천, 도서관 인테리어,

전시, 읽기 지도, 독후 활동 등에 남자 아이들을 적극적으로 참여시키려는 시도가 필요하다.

열 번째, '사춘기 아이가 책을 안 읽어서 걱정인데, 어쩌면 좋을까요?'라는 질문이다. 청소년기에 책 읽기 활동이 위축되거나 특정 분야로 좁혀지는 현상이 나타나는데, 아이들의 발달상의 변화와 청소년이 접하는 텍스트의 변화, 입시와 취업을 위한 과잉 경쟁 등이 중요한 원인이다. 발달 심리학자들은 청소년기가 성적 성숙, 추상적 사고의 발달, 자기정체성에 대한 관심, 또래집단의 영향 등의 특성이 있어서 청소년들이 신체적, 지적, 정서적, 사회적, 문화적 변화를 겪는다고 말한다. 청소년기는 아이가 받아온 독서 교육의 빛과 그림자가 나타나는 시기인데, 스스로 읽지를 않아서 '유창성(流暢性, 막힘없이 자연스러운 성질)'이 떨어지기도 하고 억지로 많이 읽으라는 강요로 가짜 읽기에 익숙해 지기도 하며, 교과서와 참고서, 문제집 등 엄청난 양의 읽기를 소화해 왔다면 읽기 자체가 버거울 수도 있고 골라주는 책만 읽었다면 스스로 책을 고르지 못하며, 책 읽기에 대한 경험 부족으로 다른 즐거움을 찾기도 한다. 청소년들은 '왜 책을 읽는가?'에 대해 스스로 납득할 만한 이유가 있어야 제대로 읽는다. 아이들의 주요 관심사는 몸과 마음의 변화, 성과 사랑의 욕구, 세계에 대한 지적 관심, 기성 세계에 대한 비판, 자신에 대한 탐색, 다른 사람과 동등하게 인정받고 싶은 욕구 등이므로 이런 것들에 응답하는 책일 때

자발적으로 독서에 참여한다. 따라서 청소년 전용 도서관, 또래 독서 동아리 활동, 관심 주제별 책 소개, 소통을 위한 휴먼 라이브러리, 현실 사회 문제 해결 프로젝트 등이 좋은 방법이다. 청소년을 위한 독서 프로그램을 기획할 때는 당사자인 청소년 입장에서 구상하고 그들을 진행에 적극적으로 참여시켜야 하며, 입시 패러다임에서 벗어나 지속적인 평생 성장을 염두에 두어야 한다.

열한 번째, '고전은 어떻게 읽어야 할까요?'라는 질문이다. 최근에 고전 읽기 열풍이 불고 있는데, 좋은 점으로는 당대의 가치있는 문헌을 직접 읽고 느끼며 판단할 수 있게 되었고 외워서 습득한 지식이 아니라 직접 이해하는 계기가 마련되었으며, 진짜 공부를 할 기회를 얻게 되었다는 것이다. 나쁜 점으로는 고전 읽기가 논술과 서술형 시험에 도움이 된다는 오해로 인해 또 하나의 시험 대비형 공부가 될 상황이라는 것이다. 고전 목록은 있으나 읽기를 도와줄 방법은 없고 공들인 번역본이나 핵심을 살린 판본을 선택할 수 있는 안목을 가진 교사나 사서교사도 없으며, 빡빡한 교육과정 속에서 천천히 읽을 수 있는 시간이 없고 묻고 답하며 나눌 수 있는 시간은 생략한 채 무조건 많이 읽기만 강요하고 있는 실정을 보면 우려가 현실로 나타나고 있다. 아이들에게 의미있는 고전 읽기 교육을 시키려면 고전의 맥락context을 이해할 수 있는 열쇠가 필요하고 천천히 곱씹어 읽으면서 생각하고 묻고 답하는 시간이 필요하며, 자신의 생각을 바탕으로 토론하고 글쓰는 시간도 필요하며, 좋은 번역본과 판본을 선별할 수 있는 안목도 키워야 하고 청소년의 삶과 고전을 어떻게 연결지을 것인가에 대해 진지한 고민을 해야 한다.

열두 번째, '학원에서 독서와 토론, 논술을 배워야 할까요?'라는 질문이다. 독서의 중요성이 강조되면서 초등학교 때부터 학원에 다니며 사교육을 받는 아이들이 급격히 늘었다. 이유도 다양한데, 읽기와 쓰기 능력 향상을 위해, 필독 도서를 챙겨서 읽기 위해, 규칙적으로 읽기 위해, 논리적 사고력 향상을 위해, 독서 토론을 함께 할 사람을 찾기 위해 등이 대표적이다. 독서와 토론, 논술 학원의 수업은 한 명의 교사가 리드하는 독서동아리 형태로 운영되므로 교사의 역할이 큰 비중을 차지하기 때문에 교사의 능력에 따라 효과를 보는 경우도 있다. 하지만 사교육에 대한 스트레스로 책 읽기의 흥미를 잃거나 학원 수업용 책 이외의 다른 책은 읽지 않으려 하는 부작용도 있다. 독서와 토론, 논술은 입시 목표를 달성하는 데만 도움이 되는 것이 아니라 자율적인 개인으로서 민주사회의 시민이 되기 위해 꼭 필요하기 때문에 사교육에 의존하기보다는 학교 수업 안으로 끌어들이는 것이 바람직하다.

열세 번째, '스마트폰을 활용한 전자매체 읽기를 어떻게 받아들여야 하나요?'라는 질문이다. 스마트폰은 전화기와 컴퓨터, 인터넷과 TV, 게임, 메시지 등의 기능을 단순히 하나로 통합하는 데서 그치지 않고 이 모든 기능을 언제 어디서나 편리하게 쓸 수 있다는 점에서 이전 매체와는 차원이 다른 환경을 만들어냈다. 대부분 무료로 기다림이나 수고도 없이 다양한 텍스트에 접근이 가능하면서 은밀하고 개인적이면서, 일상적으로, 언제 어디서든 문자와 그림, 영상 등 다양한 콘텐츠를 접할 수 있게 되었다. 청소년들이 스마트폰에 중독 증상을 보이면서 빠져드는 이유는 시각중추가 형성되면서 뇌 발달이 활발하게 이루어지는 어릴 때부터 스마트폰에 노출되었기 때문이다. 그리고 성적과 입시, 취업에 대한 경쟁으로 오감을 활용해 몸으로 직접 부딪치는 체험을 마음 편하게 할 수 없는 환경 속에서 개별적으로 고립된 아이들이 그나마 눈치껏 자투리 시간을 활용해 소통하는 방식이기 때문이다. TV나 인터넷, 스마트폰 등의 전자매체는 아이들의 뇌 발달을 저해하고 사시나 학습 장애를 유발할 가능성도 높기 때문에 만 2세 미만의 유아에게는 절대로 접하지 않게 해야 하고 아이들이 크면서는 약속과 규칙을 정해서 사용하도록 해야 한다. 예를 들어 TV나 컴퓨터를 거실이나 공용 공간에 놓고 잠자러 방에 들어갈 때는 스마트폰을 거실에 두고 충전하도록 하며, 사용 시간을 정해 알람을 맞추어 놓고 전자매체 사용에 대해 충분한 대화를 나누는 것이 좋다.

올바른 독서 코칭을 하려면 몇 가지 사항에 대해 함께 고민해 봐야 한다. 우선 '평가가 아닌 교육을 해야 한다.' 구체적인 방법을 알려주지 않고 검사와 평가를 위해 시키는 대로 하도록 이끄는 것이 아니라 솔선수범으로 본보기를 보이고 과정을 자세히 설명하면서 피드백을 해야 한다. 그리고 '독서 코칭의 목적지를 멀리 둬야 한다.' 독서 코칭의 최종 목적지를 단기적인 대입과 취업으로 제한하지 말고 장기적으로 평생 책과 함께 성장하는 사람이 되도록 열어둬야 한다. 그래야 독서에 대한 긍정적인 태도와 동기, 독자로서의 주인의식 등 독서와 관련한 다양한 경험을 할 수 있게 도와 줄 수 있다. 또한 '독서 생태계를 건강하게 만들어야 한다.' 독서 생태계는 훌륭한 콘텐츠를 가진 작가, 좋은 책을 고르는 안목을 가진 독자, 작가의 콘텐츠를 멋진 상품으로 만드는 출판사, 작가와 독자를 만나게 해주는 서점(도서관), 올바른 방향성을 제시하는 정부 정책이 서로 영향을 주고 받으면서 형성되므로 아이들의 밝은 미래를 위해 좀 더 많은 관심을 기울여야 한다. 끝으로 '왜 아이에게 독서 교육을 하는가?'라는 질문에 진지하게 답해 본다면 흔들리지 않고 나름대로 설정한 길로 나아가게 될 거라 믿는다.

교육 현장의
교과 연계 독서 지도 사례

학교나 교육청, 교육연수원 등에서 선생님 대상으로 독서 토론을 주제로 강의를 하면서 얘기를 나누다 보면 이상과 현실의 차이 때문에 연수에서 배운 방법을 실제 교육 현장에 적용하는 것이 무척이나 어렵다는 말을 많이 듣는다. 이런 고민을 조금이나마 덜어줄 책이 바로 경기도 중등독서 토론교육연구회에서 펴낸 『함께 읽기는 힘이 세다』다.

책의 머리말에는 그 동안 왜 선생님들이 독서 교육에 어려움을 겪었는지에 대한 현실적인 자성과 비판이 실려 있다. 한때 반짝 빛을 발하며 주목받다가 곧 사라지는 방법이 아니라 화려하지는 않지만 세월을 견디며 실천할 수 있는 방법이어야 한다는 점, 뻔한 내용을 어렵게 증명하거나 기존 연구를 설명하거나 연구실에서 생각해낸 개념이 아니라 현장에 적용해본 사례가 있는 방법이어야 한다는 점, 사회 구조나 교육 시스템에서 현실상 불가능하다는 핑계를 찾기보다는 현재의 교육 환경에서 교사 한 사람이 할 수 있는 일에 초점을 맞추면서 가능성의 희망을 추구해야 한다는 점 등이 비판의 핵심이다. 학교 현장에서는 작은 일들이 발목을 잡아 제대로 된 교육을 하지 못할 때가 많은데, 이 책의 선생님들은 교실에서 실천하며 겪은 어려움을 기록하고 실패를 고백하며, 그 실패 속에서 찾아낸 성공의 길을 소개하고 있다. 독서 교육을 꿈꾸는 보통 교사들의 새로운 교실 이야기 속으로 함께 들어가 보자.

학교 현장의 선생님들은 독서 이론을 몰라서 독서 교육을 하지 않는 게 아니라 매우 현실적인 고민 때문에 학생들에게 책을 읽히지 못하는 경우가 많다. 대표적인 불만과 고충에 대한 효과적인 대안은 다음과 같다.

첫 번째, 학교 업무가 바빠서 책 읽는 수업을 준비하기가 어렵다는 점이다. 이런 환경을 극복하려면 정규 수업 시간에 책읽기 교육을 해야 교사의 부담이 줄어든다. 수업 시간 중에 책을 읽고 글을 쓰고 토론을 해야만 많은 아이들의 동참도 가능하다. 예를 들어 주 3~4시간 들어가는 과목이라면 1시간을 빼서 독서 시간으로 활용이 가능하고 아니면 한 학기에 2주 정도 수업을 빼서 교과 관련 책읽기를 해도 좋다.

두 번째, 교과 진도가 빠듯해서 독서 수업을 할 여유를 마련하기 어렵다는 점이다. 이 부분에 대해서는 교과서를 요령있게 가르쳐서 여유 시간을 확보하는 것이 대안이다. 교과서는 해당 전공의 여러 저작물에서 핵심 내용을 요약해서 정리해 놓은 책이므로 엄청난 분량을 짧게 압축한 형태다. 따라서 교과서 내용을 모두 설명하려고 하면 항상 시간이 부족할 수 밖에 없으므로 자세히 가르칠 부분과 가볍게 설명하고 넘어갈 부분을 구분해야 한다. 각 단원의 학습목표 중심으로 가르치거나 교과서의 절반은 과감히 주입식으로 가르쳐서 시간을 얻어도 된다. 이렇게 마련된 시간에 교과 관련 책으로 수업을 하면 되는데, 한 학기에 1권 정도만 읽히겠다는 목표를 세워야 부담이 없다.

세 번째, 요즘 학생들은 인터넷과 친해서 책읽기에 대한 호응 유도가 어렵다는 점이다. 이 부분에 대해서는 다양한 책을 제시하고 학생들이 선택하게 해서 호응을 얻는 것이 좋다. 학생들에게 네다섯 권 정도의 추천서를 알려주고 그 책을 모두 읽게 하면 대부분 실패한다. 왜냐하면 학생들마다 취향이나 기질이 다르기 때문에 같은 책 읽기를 힘들어 하기 때문이다. 교사가 해당 분야에서 인정받는 책을 상중하로 수준을 나누어서 다섯 권 정도씩 총 15종 정도 뽑고 학생 스스로 선택할 수 있도록 해야 성공한다.

네 번째, 입시 공부를 하기에도 바쁜 학생들이 불만을 제기하면 참여 유도가 어렵다는 점이다. 이 부분에 대해서는 책읽기 교육을 입시에 도움이 되는 쪽으로 하는 것이 대안이다. 기존의 학습에 독서를 일부 섞는 방식이라고 충분히 설명해 주어야 하고 한 학기에 한 권씩 1년에 총 두 권을 목표로 하는 것이 좋다. 교과서 외에 책을 두 권 더 읽으면 어휘력이 향상되고 교과 관련 개념을 잘 이해하며, 교과 내용의 현실 적용 사례를 알 수 있으므로 생각하는 범위가 넓어진다. 이런 독서 활동은 논술과 면접, 수능 문제 풀이에도 직접적인 도움이 된다.

다섯 번째, 책을 별로 읽지 않아서 자료 선택이 어렵다는 점이다. 이 부분에 대해서는 실제 수업 현장에 적용해서 검증된 다른 교사의 자료를 쓰는 것이 대안이다. 현재의 교사들은 학창시절에 독서 교육을 받지 않았기 때문에 스스로 책을 즐겨 읽지 못하고 독서 교육에 대한 부담도 크다. 따라서 각 교과마다 학생들에게 반응이 좋았던 책만 뽑아서 수준별로 정리된 목록이 있으면 독서 경험이 적은 교사라도 독서 수업이 가능하다.

교과 연계 독서 교육이 제대로 이루어지려면 아무리 좋은 방법이라도 교사가 스스로 지치지 않아야 하는데, 그럴려면 다음과 같은 사항이 중요하다. 첫 번째, 방과 후가 아니라 정규 수업 시간에 한다. 그래야 교사의 업무가 늘지 않고 전체 학생을 참여시킬 수 있다.

독서 행사와 대회는 되도록 자제하는 것이 좋고 꼭 해야 한다면 수업 시간에 수행평가로 진행하고 결과물을 활용하는 게 좋다. 두 번째, 교과 여건에 맞게 다르게 한다. 주당 수업 시간 수, 입시에 대한 부담 정도, 이론과 실습의 비중, 교사의 기질에 따른 준비 정도 등이 주요 고려 대상인데, 긴 흐름으로 자세히 하는 방법과 단번에 쉽게 하는 방법 중에서 교사가 자신의 교과에 맞는 것을 선택하는 게 좋다. 세 번째, 평가와 연계한다. 학생들의 참여율을 높이기 위해 수업 시간에 깊이 있는 활동을 하고 그 내용을 평가하는 것이 좋은데, 독서량을 살피는 물량주의적 평가나 책 내용을 기억하는지 확인하는 단순 암기 평가 방식은 피한다. 네 번째, 현실적 이익을 얻게 한다. 책읽기를 통해 어휘력과 지식 수준을 향상시키고 논리력을 키워서 학습 능력이 향상되면 수능 점수를 올리는 데도 도움이 된다는 것을 지속적으로 강조한다.

다섯 번째, 독서량보다 독서의 질을 살핀다. 똑같은 글을 읽어도 과거의 경험과 현재의 처지, 인식의 수준에 따라 다른 의미를 만들어내므로 교사가 학생들의 마음을 들여다보면서 몇 마디 대화를 나누어야 세상의 통념에서 벗어나 지적으로 성장이 가능하다. 여섯 번째, 교사가 권장 도서를 제시하고 학생이 선택한다. 학생들에게 자유로운 도서 선택권을 주면 내용이 얕아서 실망하거나 너무 어려워서 감당하지 못할 때가 많으므로 교사의 가이드라인 내에서 학생들이 골라야 안전하다. 일곱 번째, 교사 개개인마다 권장 도서를 따로 정한다. 다른 사람이 권한 책은 읽기 힘들 때가 많기 때문에 학교 차원에서 동료 교사들의 협의로 도서 목록을 정하지 말고 각자 권장 도서를 정하는 것이 참여율을 높이는 비결이다.

구체적인 독서 교육 방법은 다음과 같다. 첫 번째, 정규 수업 시간에 일주일에 1시간 정도 교과 관련 책을 읽는다. 4~5명이 독서 모임을 만들어서 같은 책을 읽고 독서 활동지나 서평을 각자 쓴 후에 평가를 받는다. 예를 들어, 인상적인 내용을 다섯 가지 찾아서 세 줄씩 설명을 달고 책과 관련된 세상 일을 세 가지 찾아서 네 줄씩 설명을 달며, 책과 관련된 경험이나 생각을 두 가지 적어서 반쪽씩 쓴다. 두 번째, 1시간 동안 교과 관련 책을 읽고 1시간 동안 정리하면서 '발췌 독서'를 한다. 예를 들어, 학교 도서관에서 교과 관련 도서를 찾아서 1시간 동안 읽고 다음 1시간 동안 그 책에서 도움이 되는 내용을 찾아 종이에 정리하는 방법이다. 정리할 때 '내용과 장점, 성과, 준비, 성공 비결, 주의사항' 등의 형식으로 4/5는 책의 내용을 쓰고 1/5은 그 내용이 왜 자신에게 도움이 되는지 이유를 적는다. 세 번째, 책에서 25~30쪽을 인쇄해서 읽히고 가르친다. 예를 들어 첫 번째 시간은 1시간 동안 그냥 글을 읽고 두 번째 시간에는 학생들이 인상 깊은 부분이나 중요한 부분을 세 곳 정도 찾아서 표시한 후에 그 내용과 관련된 세상의 일이나 자기 경험을 하나씩 찾아서 적게 한다. 그리고 그 글과 관련해 교사에게 물어보고 싶은 질문을 세 가지씩 쓰고 학생들이 나와서 발표한 후에 교사가 논평을 하는 순서로 수업을 진행한다.

과목별 교과 연계 독서 지도 사례는 다음과 같다. 첫 번째, 호매실고등학교 국어과 김진영 선생님은 수업 시간에 말을 하지 않는 아이들의 말문을 트게 하기 위해 칭찬과 게임, 사탕 선물, 모둠 활동 등 당근 작전과 수행평가 점수 반영과 꾸지람 등 채찍 작전을 모두 써봤지만 소용이 없었다. 이런저런 시행착오 끝에 스스로 개발한 '서평 초안지'를 통해 드디어 아이들의 말문을 트는데 성공했다고 한다.

생연중학교 윤리 과목 김현주 선생님은 '지금, 여기에서 일어나는 일에 대한 도덕적 민감성 기르기'를 독서 수업의 목표로 정했는데, 현실에서 윤리적으로 사고하는 과정을 통해 자연스럽게 개념을 익히고 윤리 공부의 기본기를 닦을 수 있도록 도와주기 위함이다. 이런 독서 수업은 다양한 효과를 가져왔다. 아이들이 책이 재미있다고 말하면서 좋아하고 평소 강의 때보다 교사가 덜 지치며, 감춰져 있던 아이의 내면을 재발견하게 되고 수업 시간에 참고자료로 삼을 만한 것이 생기며, 학기말의 수업도 의미있게 마감할 수 있고 독서활동을 통해 발견한 학생의 특성을 생활기록부에 적어줄 수 있으며, 아이들을 관찰하면서 대화의 물꼬를 틀 수 있었다.

참고」양식

1. 명장면, 명대사
– 책 내용 중 가장 기억에 남는 내용을 적고 그 이유를 자세하게 씁니다.

2. 첫 느낌
– 자신이 읽은 책의 이름. 저자, 출판사를 적고 자신이 이 책을 처음 봤을 때 느낌을 솔직하게 적어봅니다. 이 책을 고른 이유를 말해봅니다.

3. 데자뷰
– 책 속 내용과 비슷한 경험이 있다면 구체적으로 써봅니다.

4. 누구냐, 넌?
– 이 책을 쓴 사람은 어떤 사람일지 상상해봅시다. 글쓴이는 언제, 어디서, 그리고 어떤 상황에서 이 책을 썼을지 상상해봅시다.

5. 아! 왜?
– 글쓴이는 이 책을 왜 썼을까 생각해서 적어봅니다. 그리고 저자의 생각에 대한 자신의 생각을 자유롭게 씁니다.

6. 링크 링크
– 책을 읽으면서 떠올렸던 책, TV 프로그램, 뉴스, 신문 기사, 영화, 음악, 인터넷 정보 등이 있으면 적어봅니다.

7. 깨달음
– 책을 다 읽은 후 새롭게 깨달은 점이 있으면 적어봅니다.

8. 기타등등 기세등등
– 그 외 이 책에 대해 하고 싶은 말을 아무거나 써봅시다.

다산고등학교 물리 과목 김현민 선생님은 아이들이 자연 현상의 본질에 대한 생각을 키우고 자신의 삶을 돌아볼 수 있도록 '과학 책을 읽기 위한 몇 가지 장치'를 만들었다. 일상의 소소한 주제를 과학적 원리로 설명하는 책을 선정해서 일부를 발췌함으로써 친숙함을 높이고 읽는 부담을 줄였으며, 네 명씩 모둠을 정해 함께 활동지를 작성하게 함으로써 과제 완수와 내용 파악, 사고 확장이 가능하게 했으며, 스마트폰과 단행본 두 가지 방식으로 글과 만나게 했고 자유롭게 메모하기, 떠오르는 것 적어 보기, 친구에게 이야기하기, 친구 이야기 듣기, 가장 좋은 소재를 모둠이 선택하여 자세히 하기 등의 방법을 활용했다. 작정하고 시작한 물리 과목 독서 수업을 통해 학생들은 생각이 자라고 친구들을 이해하는 방법을 배울 수 있었다.

교과 연계 독서 수업을 통해 얻는 것은 크게 네 가지다. 첫 번째, 학생들이 똑똑해진다. 교과서를 보충하는 참고자료로써 인터넷은 정보의 선택이 자유로운 반면 잘못된 정보와 왜곡된 자료가 많아서 엉터리 논리에 빠질 때가 많다. 하지만 책은 저자가 공을 들여 작업하기 때문에 정확한 정보로 온전한 지적 체계를 갖추는데 유리하다. 두 번째, 교육이 그 시대의 한계로부터 자유로워진다. 교과서는 현 시대의 보편적인 합의사항을 담은 책이라서 안정적이라는 장점이 있지만 최신 내용을 담지 못하는 단점이 있다. 그리고 대부분 결론이 나 있는 과거의 내용만 실려 있어서 학생들의 탐구 의욕을 자극하

지도 못하고 학문적인 긴장감도 없다. 하지만 교과 관련 책을 읽으면 학생들은 교과서의 한계에서 벗어나 자유롭게 정보를 찾으며 지적인 자극을 받게 되면서 가르치는 교사의 한계를 학생들이 뛰어넘을 수 있게 도와준다. 세 번째, 교육의 빈부격차에 대응하는 효과가 있다. 현재의 한국 교육은 부모의 경제력이 자녀의 교육 성과로 대물림되는 문제가 심각한데, 공공도서관과 다양한 문화 교양 사업이 가난한 지역의 부족한 문화 자본을 보충하는 기능을 한다. 학교에서 교과와 연계한 독서 수업을 하면 경제 수준의 차이로 생긴 문화 자본을 보완할 수 있고 사회의 빈부격차가 교육의 빈부격차로 이어지는 일을 막을 수 있다. 네 번째, 양극화 사회에서 학생에게 인성 교육이 된다. 성장과 발전을 최고의 가치로 여기는 신자유주의가 경제체제로 자리를 잡으면서 한국 사회는 20대 80의 양극화가 심해지고 있다. 이런 상황에서 학생들은 물질주의와 차별주의에 빠지기 쉬운데, 우리 공동체의 밝은 미래를 위해 사람의 가치와 자기 삶을 성찰할 수 있게 가르치는 것이 중요하다. 상위 20%에 들어가는 학생들은 윤리성을 바탕으로 너무 이기심에 빠지지 않는 엘리트가 되어 사회에 영향력을 끼치는 주요한 자리를 맡았을 때 더 인간적인 곳으로 사회를 만들 수 있도록 가르쳐야 한다. 하위 80%에 들어가는 학생들은 돈을 적게 쓰면서도 풍요롭고 행복하게 사는 방법을 배워야 한다. 소비금융 자본주의 사회에서 온갖 광고에 노출된 학생들은 비싼 물건을 사야 행복해진다는 유혹에 빠질 수 있는데, 물질이 넉넉하지 않은 학생들이 이런 물질주의에 빠져 있으면 열패감에 시달리고 불행감이 커진다. 따라서 모든 일은 그 자체로 가치가 있다는 가난한 노동의 정당성을 긍정하고 어떤 일을 하면서 살아가든 자신의 삶을 떳떳하고 당당하게 여기는 인간의 존엄성을 가르쳐야 한다. 학교가 이런 사명을 이루는데 '교과 연계 독서 수업'이 큰 기여를 할 수 있을 거라 믿는다.

EPILOGUE

에필로그

교육 트렌드의 변화에 따라 수업 만족도를 높여줄 '진로 독서'와 인성 독서

최근 들어 피부로 느껴질 만큼 교육 트렌드의 변화 속도가 빠르게 진행 되고 있다. 현행 2009 개정 교육과정에서는 자율성과 창의성을 강화하면서 학기당 이수과목을 줄이고 교과 집중 이수제를 도입하여 학습 부담은 줄였으며, 폭넓은 인성 교육을 위한 창의적 체험 활동을 강화하여 창의적 인재 양성을 위한 초석을 다졌다. 2014년 9월 24일 총론과 주요 사항이 발표 된 2015 개정 교육과정은 문이과 통합교육과정으로 한걸음 더 나아가 미래 사회가 요구하는 창의융합형의 조화로운 인재 육성을 위한 방향을 제시하고 있다.

이런 흐름 속에서 가장 두드러지게 변화를 주도하는 것은 진로와 인성으로 진로와 관련한 획기적인 제도인 자유학기제는 「초중등교육법 시행령」에 근거를 두었고('15.9.15 공포), 「2015 개정 교육과정」에 자유학기제를 반영하여('15.9.23 고시) 앞으로 지속적인 추진을 지원하기 위한 제도적 기반을 구축 하였다.

교육부 자료에 따르면 2015년 11월 25일에「중학교 자유학기제 시행 계획」이 확정되어 중학교 1학년 1학기~2학년 1학기 중에 학교 구성원의 의견을 수렴하여 자유학기제를 운영하기로 하였다. 자유학기제를 전체 중학교에서 전면 시행하기 위해 2016년 특별교부금 예산 지원도 확정되었다. 특히 자유학기제에서는 토론·실습·프로젝트 학습 등 교실 수업 개선 및 과정 중심 평가를 시행하며 자유학기 활동 170시간 이상 운영, 진로 체험 2회 이상을 의무화하였다. 또한 세계 어디에서도 찾아 볼 수 없는「인성 교육 진흥법」이 2015. 7. 21일 시행되어 앞으로 교육 현장의 뜨거운 감자가 될 것으로 보인다.

　　교육 트렌드의 변화로 인해 교육 현장에는 다양한 진로 및 인성 관련 프로그램들이 넘쳐 날 것으로 보여 양질의 프로그램 선정 및 운영을 위한 각별한 주의가 요구된다. 이런 우려 속에서도 독서를 통한 진로나 인성 교육은 단점을 찾기 어려운 최고의 프로그램이 될 것으로 보인다. 왜냐하면 진로 탐색이나 인성 함양 교육을 위해서 그동안 우리 교육의 폐해로 지적 되어 왔던 주입식, 암기식 교육 방법을 적용해서는 안되며 직간접 경험을 통해 체화하는 것이 중요하기 때문이다.

　　그런데 자유학기제가 시범 실시되면서 다양한 체험 위주의 진로 활동들이 우후죽순 생겨났고 체험활동이 가져오는 한계나 체험 내용과 프로그램의 부실 등 이미 우려가 현실 곳곳에서 나타나게 되었다. 하지만 진로 직업의 직접 체험 방식은 진로 인식 및 진로 탐색을 위해 여전히 그 중요성이 대두되고 있어 지속적인 관리 감독을 통해 양질의 프로그램으로 정착되기를 희망한다.

직접 체험 방식과 달리 독서를 통한 진로 교육과 인성 교육은 간접 경험을 통해 체험의 한계를 극복하고 책 속의 저자로부터 진로 코칭과 인성 코칭을 받는 매우 안정적이고 우수한 프로그램이 될 수 있다.

이 책에서는 독서 토론을 통한 진로 교육 방법과 인성 교육 방법을 상세하게 안내하면서 독서 교육의 이해, 발달 단계에 따른 독서 지도 방법, 독서 부진아를 위한 독서 지도 방법, 글로벌 파워를 자랑하고 있는 유대인들의 하브루타 토론 방법, 교육 현장에서 교과와 연계하여 독서 토론 수업을 적용 할 수 있는 다양한 방법을 다루고 있다.

토론 수업의 필요성은 섬차 대두 되고 있는데 일선 학교 현장에서는 교과 연계 토론 수업, 진로 독서 수업, 인성 독서 수업을 어떻게 적용해야 할지 미처 준비가 되어 있지 않은 것이 사실이다. 이러한 때에 다양한 수업을 통해 이미 검증 된 '진로 독서, 인성 독서 가이드'는 바로 수업에 적용이 가능하므로 만족도 높은 수업 자료로써 가 뭄의 단 비가 되어 줄 것이라 믿는다.

.

진로독서 추천서 리스트

테마(직업)	도서	유형	세부유형
문제아, 작가를 꿈꾸다 (칼럼니스트)	『까칠한 재석이가 돌아왔다』 고정욱/애플북스	성격(에니어그램)	7번 장형적 머리형
		흥미(홀랜드)	예술형
		적성(다중지능)	언어 지능
간판쟁이, 세계를 놀래키다 (광고기획자)	『광고천재 이제석』 이제석/학고재	성격(에니어그램)	7번 장형적 머리형
		흥미(홀랜드)	예술형
		적성(다중지능)	언어 지능
연습생, 스포츠 스타를 꿈꾸다 (운동선수)	『마시멜로 이야기』 호아킴 데 포사다/21세기북스	성격(에니어그램)	8번 장형적 장형
		흥미(홀랜드)	현실형
		적성(다중지능)	신체운동 지능
장난꾸러기, 과학자를 꿈꾸다 (로봇과학자)	『로봇 박사 데니스 홍의 꿈 설계도』 데니스 홍/샘터	성격(에니어그램)	5번 머리형적 머리형
		흥미(홀랜드)	탐구형
		적성(다중지능)	논리수학 지능
짐승(인턴), 외과의사를 꿈꾸다 (외과의사)	『시골의사의 아름다운 동행 1』 박경철/리더스북	성격(에니어그램)	6번 가슴형적 머리형
		흥미(홀랜드)	탐구형
		적성(다중지능)	신체운동 지능
소심남, 개그맨을 꿈꾸다 (연예인)	『Who? Special 유재석』 김성재/다산어린이	성격(에니어그램)	7번 장형적 머리형
		흥미(홀랜드)	예술형
		적성(다중지능)	신체운동 지능
책바보, 학자를 꿈꾸다 (학자)	『책만 보는 바보』 안소영/보림	성격(에니어그램)	5번 머리형적 머리형
		흥미(홀랜드)	탐구형
		적성(다중지능)	자기성찰 지능
모범생, 외교관을 꿈꾸다 (외교관)	『바보처럼 공부하고 천재처럼 꿈꿔라』 신웅진/크레용하우스	성격(에니어그램)	3번 머리형적 가슴형
		흥미(홀랜드)	사회형
		적성(다중지능)	대인관계 지능
청년, 사회적 기업가를 꿈꾸다 (기업가)	『열혈교사 도전기, TFA 이야기』 웬디 콥/에이지21	성격(에니어그램)	8번 장형적 장형
		흥미(홀랜드)	진취형
		적성(다중지능)	대인관계 지능
부상자, 우승을 꿈꾸다 (운동선수)	『퍽(Puck)』 고정욱/애플북스	성격(에니어그램)	8번 장형적 장형
		흥미(홀랜드)	현실형
		적성(다중지능)	신체운동 지능

인성독서 추천서 리스트

테마(직업)	도서	
용기	『작아지는 괴물』 조앤 그란트/영국 옛 이야기	용기(勇氣, courage) 올바른 가치 아래서 환경과 조건에 구애받지 않고 마땅히 해야 될 일들을 해내는 태도와 행동양식
행복	『마지막 임금님』 박완서/다림	행복(幸福, happiness) 욕구와 욕망이 충족되어 만족하거나 즐거움을 느끼는 상태, 불안감을 느끼지 않고 안심 하거나 희망을 그리는 상태
정직	『자전거 도둑』 박완서/다림	정직(正直, honesty) 마음이 솔직하고 맑으며 깨끗해서 거짓이 없는 것
신뢰	『노끈 한 오라기』 기드 모파상/문예출판사	신뢰(信賴, trust) 타인의 미래 행동이 자신에게 호의적이거나 최소한 악의적이지는 않을 가능성에 대한 기대와 믿음
화목	『쥘르 삼촌』 기드 모파상/문예출판사	화목(和睦, harmony) 혈연, 혼인, 입양, 친분 등으로 관계되어 같이 일상의 생활을 공유하는 가족 구성원들이 서로 뜻이 맞고 정다움
헌신	『행복한 왕자』 오스카 와일드/보물창고	헌신(獻身, dedication) 어떤 일이나 남을 위해서 자신의 이해관계를 생각하지 않고 몸과 마음을 바쳐 있는 힘을 다하는 것
우정	『헌신적인 친구』 오스카 와일드/보물창고	우정(友情, friendship) 오래도록 친하게 사귀어 온 친구 사이의 정
정의	『어떤 솔거의 죽음』 조정래/다림	정의(正義, Justice) 사회를 구성하고 유지하기 위해 구성원들이 공정하고 올바른 상태를 추구해야 한다는 가치
가치	『사람에게는 얼마나 많은 땅이 필요한가』 레프 톨스토이/아름다운날	가치(價値, value) 사물이 지니고 있는 값이나 쓸모, 철학적으로 인간이 대상과의 관계에 의해 지니게 되는 중요성
절제	『프랭클린 자서전』 벤자민 프랭클린/나래북	절제(節制, Temperance) 사람의 욕망이나 감정 표현 따위가 정도를 넘지 않도록 알맞게 조절하거나 제어하는 것

도움을 받은 도서 목록

진로 분야 ▶ ▶ ▶

『자기주도학습 솔루션 매뉴얼』 – 서상훈 외/지상사
『내 꿈을 열어 주는 진로 독서』 – 임성미/꿈결
『국어샘과 진로샘이 함께 만든 진로 독서』 – 김영찬 외/우리학교
『꿈에 날개를 달아 주는 진로 독서』 – 전국학교도서관담당교사 경남 모임/대원사
『진로 독서 가이드북 중학교』 – 전국독서새물결모임/고래가숨쉬는도서관
『진로 독서 워크북 중등』 – 전국독서새물결모임/고래가숨쉬는도서관
『독서 토론 가이드북 중학교』 – 임영규 외/정인출판사
『꿈과 끼를 키우는 자유학기제』 – 자유학기제연구학교교사모임/라임
『달라진 수업, 행복한 학교』 – 자유학기제교사모임/라임
『이것이 자유학기제다』 – 김상태/미디어숲
『나는 내 성격이 좋다』 – 윤태익/더난출판사
『타고난 성격으로 승부하라』 – 윤태익/더난출판사
『제 멋대로 키운 아이 더 크게 성공한다』 – 윤태익/더난출판사
『진로, 책 속에 길이 있다』 – 김순례/성안당
『프레디저 진로 설계』 – 지수근, 임성미/나비의활주로
『2020 미래 교육 보고서』 – 박영숙/경향미디어
『who? special 유재석』 – 김성재/다산어린이

인성 분야 ▶ ▶ ▶

『인성 교육 비전 수립을 위한 정책연구』 – 교육부/진한엠앤비
『인성 교육의 이해와 실천』 – 정창우/교육과학사
『인성은 미래다』 – 주건성/인성학
『인성을 가르치는 학교 만들기』 – 이영숙/좋은나무성품학교
『현용수의 인성 교육 노하우』 – 현용수/쉐마
『아이의 인생을 바꾸는 인성 교육』 – 조병묵/나노미디어
『세계 최고의 학교는 왜 인성에 집중할까』 – 최유진, 장재혁/다산에듀
『십대를 위한 인성 콘서트』 – 권순이 외/꿈결
『신문으로 하는 인성 교육』 – 정문성 외/교육과학사
『인성아, 어디 갔니?』 – 서재흥/책읽는귀족

독서 분야 ▶ ▶ ▶

『독서 교육론 독서 지도 방법론』 – (사)한우리독서문화운동본부/위즈덤북
『독서 자료론 독서논술 지도론』 – (사)한우리독서문화운동본부/위즈덤북
『부모라면 유대인처럼 하브루타로 교육하라』 – 전성수/예담friend
『자녀교육 혁명 하브루타』 – 전성수/두란노
『탈무드 하브루타 러닝』 – 헤츠키 아리엘리, 김진자/국제인재개발센터(IMD Center)
『유대인의 성공 코드 Excellence』 – 헤츠키 아리엘리/국제인재개발센터(IMD Center)
『독서 교육, 어떻게 할까?』 – 김은하/학교도서관저널
『함께 읽기는 힘이 세다』 – 경기도중등독서 토론교육연구회/서해문집

독서를 통한 진로와 인성 교육

진로 독서, 인성 독서

초판 1쇄 발행 2016년 3월 2일
초판 2쇄 발행 2016년 6월 10일

지은이 서상훈 · 유현심
발행인 조상현
발행처 더디퍼런스
편집 이명일
디자인 나인플럭스

등록번호 제2015-000237호
주소 서울시 마포구 마포대로 127, 304호
문의 02-725-9988
팩스 02-6974-1237
이메일 thedibooks@naver.com
홈페이지 www.thedifference.co.kr

독자여러분의 소중한 원고를 기다리고 있습니다. 많은 투고 부탁드립니다.

ISBN 979-11-86217-30-6 03330

the difference
더 디퍼런스
더 좋은 책을 만들기 위한 남다른 열정